# Español en marcha 3

## Curso de español como lengua extranjera

## Cuaderno de ejercicios

Francisca Castro Viúdez
M.ª Teresa Benítez
Carmen Sardinero Franco
Ignacio Rodero Díez

Español Lengua Extranjera

SOCIEDAD GENERAL ESPAÑOLA DE LIBRERÍA, S. A.

SGEL

Primera edición, 2006
Quinta edición, 2009

Produce SGEL – Educación
Avda. Valdelaparra, 29
28108 Alcobendas (MADRID)

Diseño de cubierta: Fragmenta comunicación S. L.
Maquetación: Verónica Sosa y Leticia Delgado
Ilustraciones: Maravillas Delgado
Fotografías: Cordón Press y Archivo SGEL

ISBN 10: 84-9778-242-9
ISBN 13: 978-84-9778-242-5
Depósito legal: M. 44.526-2009
Printed in Spain – Impreso en España

Impresión: Closas-Orcoyen, S. L.

# contenidos

## A. Vida cotidiana

**1.** Escribe el verbo en el tiempo adecuado.

1. ¿Cuánto tiempo hace que no *vas* al cine? (ir)
2. ¿Desde cuándo _____ aquí? (vivir)
3. ¿Cuánto tiempo hace que _____ con esa chica? (salir)
4. A. ¿Desde cuándo _____ a Carlos? (conocer)
   B. Desde que _____ la universidad, hace 20 años. (empezar, nosotros)
5. A. ¿Cuánto tiempo hace que _____ la película? (empezar)
   B. Poco, sólo cinco minutos.
6. ¿Cuánto tiempo hace que _____ esta bicicleta?, parece antigua. (tener)

**2.** Lee el artículo y elige la opción adecuada.

# En la moto lleva información y cultura

**Desde hace 30 años, Juan Carlos Valenzuela reparte el diario *El Comercio*. Antes usaba la bicicleta.**

Juan Carlos tiene 45 años y desde hace 30 es repartidor y vendedor de periódicos. Ahora, desde hace tres semanas tiene una moto, financiada por este periódico. Su esposa Lidia lo ayuda montada en el asiento trasero.

**Un día en su vida**

Juan Carlos vive en Surquillo con su esposa Lidia y sus cuatro hijas: María, de 19 años; Joana, de 17; Clara, de 14, y Paola, de 4. Las tres mayores lo ayudan también en el quiosco.

A las 4.30 la pareja recoge los diarios que tienen que repartir. Necesitan 30 minutos para empacar correctamente los periódicos y a continuación salen a recorrer Miraflores hasta las 7 a.m. Luego montan el quiosco para vender prensa durante todo el día.

Dice que el secreto para ser buen vendedor está en el buen trato y la buena relación con los clientes.

Por su parte, el diario *El Comercio* ha impartido a sus vendedores un cursillo de atención al cliente con el fin de mejorar el servicio de venta y distribución del periódico. Dentro del plan está también el programa de financiación de motos a tres años, con una tasa muy baja para permitir a los *canillitas realizar su trabajo con más comodidad y rapidez.

*(Adaptado de El Comercio)*
*Canillita: vendedor callejero de periódicos.

1. ☐ Según el texto, Juan Carlos Valenzuela:
   a. Reparte el periódico en bicicleta.
   b. Reparte y vende el periódico desde hace tres semanas.
   c. Desde hace tres semanas puede repartir el periódico en moto.
2. ☐ El texto nos informa de que:
   a. Todas las hijas de Juan Carlos y su mujer lo ayudan en su trabajo.
   b. La pareja reparte los periódicos y las hijas mayores están en el quiosco.
   c. Su mujer se queda en casa.
3. ☐ Según el artículo:
   a. El diario *El Comercio* vende motos a muy buen precio a sus clientes.
   b. Juan Carlos ha comprado una moto con ayuda del diario *El Comercio*.
   c. El diario *El Comercio* no tiene interés en mejorar el servicio de venta y distribución del periódico.

## B. Pasado, presente y futuro

**1.** Relaciona.

1. Hace mucho tiempo    a
2. La semana pasada    ☐
3. El mes que viene    ☐
4. Normalmente    ☐
5. En 1945    ☐
6. De vez en cuando    ☐
7. Mañana    ☐

a. que no veo a Antonio.
b. voy a ir de viaje a Sevilla.
c. no salgo los domingos.
d. me encontré con Rosa en la calle.
e. salgo a correr por la playa.
f. acabó la Segunda Guerra Mundial.
g. voy a jugar al fútbol con mis amigos.

**2.** Completa las frases con el marcador temporal adecuado. En algún caso hay más de una posibilidad.

> varias veces – todos los días
> siempre – muchos años – la semana pasada
> hace poco tiempo – nunca – tres años
> tres días a la semana

1. Roberto ha estado *varias veces* en México.
2. Juanjo va al mismo restaurante _____.
3. Eugenia escribe un montón de correos _____.
4. Hace _____ que no voy de vacaciones porque mi trabajo no me lo permite.
5. Eduardo no ha estado en el extranjero _____.
6. Federica va al gimnasio _____.
7. Margarita ha estado en Brasil _____ y ahora va a volver otra vez.
8. Eugenio acabó sus estudios hace _____ y ahora trabaja en una empresa de telecomunicaciones.
9. Estuve en el cine con Ricardo _____.

**3.** La siguiente biografía está escrita en presente histórico. Cambia los verbos subrayados a pretérito indefinido o imperfecto en algún caso.

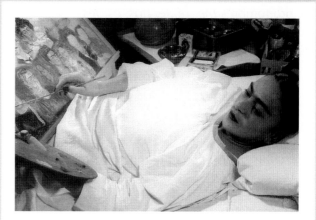

## Frida Kahlo

Esta pintora mexicana, hija de un fotógrafo alemán y de una mestiza mexicana, <u>nace</u> (1) en Coyoacán, en 1907. Cuando <u>tiene</u> (2) tres años <u>enferma</u> (3) de polio. En 1925, cuando estaba aprendiendo la técnica del grabado, <u>tiene</u> (4) un accidente de autobús que le obligó a estar en cama mucho tiempo. En este tiempo <u>empieza</u> (5) a pintar.

En 1928 <u>entra</u> (6) en el partido comunista y <u>conoce</u> (7) a Diego Rivera, con quien <u>se casa</u> (8) al año siguiente. Entre 1931 y 1934 <u>vive</u> (9) en Nueva York y Detroit con su marido.

En 1938 Breton <u>califica</u> (10) su obra como surrealista, pero ella misma <u>declara</u> (11) más tarde: "creían que yo era surrealista, pero no lo era. Nunca pinté los sueños. Pinté mi propia realidad".

En 1939 <u>expone</u> (12) en París en la galería Renon et Colle. Cuatro años más tarde <u>trabaja</u> (13) dando clases en Ciudad de México. En 1953 la Galería de Arte Contemporáneo de la capital mexicana le <u>organiza</u> (14) una importante exposición. <u>Muere</u> (15) en Coyoacán en 1954.

Cuatro años más tarde, su casa familiar se convirtió en el Museo Frida Kahlo.

1. *nació*    2. _____    3. _____
4. _____    5. _____    6. _____
7. _____    8. _____    9. _____
10. _____    11. _____    12. _____
13. _____    14. _____    15. _____

1

## C. Julia me cae bien

**1.** Forma frases siguiendo el modelo. Utiliza los pronombres *me, te, le, nos, os, les*.

1. Rosa / molestar / los ruidos.
   *A Rosa le molestan los ruidos.*

2. Yo / quedar mal / los vaqueros.
   _____

3. Carlos / preocupar / su trabajo.
   _____

4. Manuel y Laura / interesar / la Historia.
   _____

5. Mis padres / encantar / el cine.
   _____

6. Mi mujer / caer mal / mi secretaria.
   _____

7. Mis hijas / preocupar / la contaminación de la atmósfera.
   _____

8. A nosotros / no pasar / nada importante nunca.
   _____

9. Yo / interesar / los problemas de la gente que quiero.
   _____

10. ¿Vosotros / importar / el futuro de los niños?
    _____

**2.** Elige el pronombre.

1. ¿Qué *se / le* pasa a Manuel?, está raro.
2. Mi hijo *se / le* ha caído y *se / le* ha roto una pierna.
3. Estoy enfadada con David porque no *se / le* interesan nada los estudios.
4. Ana *se / le* lleva muy bien con su amiga Clara.
5. A Andrés sólo *le / se* interesan las noticias de deportes, no *le / se* importa cómo va el mundo.

**3.** Completa con el pronombre adecuado.

1. A. ¿A ti *te* molesta la gente que habla mucho?
   B. No, a mí _____ molesta más la gente que no habla nada.

2. A. No _____ cae nada bien Lorenzo.
   B. ¿Por qué lo dices?
   A. Siempre está hablando de lo mismo, no _____ interesan nada más que el fútbol y los coches.

3. A. Estás muy seria, ¿qué _____ pasa?
   B. Es que _____ preocupa mi hija Violeta porque no sale, _____ queda en casa todo el fin de semana y no tiene amigos.

4. A. ¿Qué _____ pasa? ¿Por qué tenéis esa cara?
   B. Es que hemos llegado aquí hace media hora y no hay nadie. No _____ gusta nada esperar.

5. A. Mira esta falda, ¿cómo _____ queda?
   B. Muy bien. Cómpratela.

6. Quita la tele, no _____ interesan nada los cotilleos de los artistas.

7. A. ¿Qué _____ pasa a tu marido?
   B. _____ ha enfadado conmigo porque no quiero ir a casa de sus amigos.

8. Pepe, no _____ lleves el coche, lo necesito yo.

9. A. ¿Tú _____ llevas bien con tus hermanos?
   B. Bueno, con el mayor _____ llevo mejor que con el pequeño.

## ESCUCHAR

**4.** Completa la conversación con los verbos en el tiempo adecuado.

MIGUEL: Hola, Susana, ¿qué tal?

SUSANA: Hola, Miguel, bien. Hace tiempo que no te (1) *veo* (ver). ¿Qué (2)_____ (hacer) ahora?

MIGUEL: Pues la verdad es que (3)_____ (buscar) trabajo. Hace tres meses (4)_____ (cerrar) la empresa donde (5)_____ (trabajar) y (6)_____ (quedarse) en la calle. ¿Y tú?

SUSANA: Yo, bien, ahora (7)_____ (trabajar) en el hospital del Mar.

MIGUEL: No me digas, no lo sabía. ¿Cuánto tiempo hace que (8)_____ (trabajar) ahí?

SUSANA: Sólo dos meses, (9)_____ (estar) muy contenta.

MIGUEL: Me alegro mucho. Yo todos los días (10)_____ (mirar) los anuncios del periódico. Ayer (11)_____ (tener) una entrevista, no sé si me (12)_____ (llamar).

SUSANA: Claro que sí, hombre. Seguro que tienes suerte.

**5.** Escucha y comprueba. 1 🔘

**6.** Completa las frases con el verbo en el tiempo adecuado.

1. A. ¿*Has estado* alguna vez en París? (estar)
   B. Sí, _____ allí en 2002. _____ con mi marido y mis hijos. (estar, ir)
2. Antes _____ mucho salir los sábados por la noche, pero ahora _____ quedarme en casa con un libro. (gustar, preferir, yo)
3. A. Rosa, pronto es Navidad. ¿Dónde _____ la Nochebuena, aquí o en tu pueblo? (pasar)
   B. Pues la Nochebuena la _____ con mis padres en el pueblo y en Nochevieja _____ aquí en Madrid con los amigos. (pasar, cenar)
4. A. ¿_____ ya la última película de Almodóvar? (ver)
   B. No, últimamente no _____ mucho al cine. (ir)
5. A. ¿Sabes? _____ de vacaciones a Brasil, tengo ganas de ver las cataratas de Iguazú. (ir)
   B. ¡Qué bien! Yo las _____ hace cinco años y _____ mucho. Son impresionantes. (ver, gustar)

A. Yo nunca _____ en Brasil. (estar)
6. A. ¿Qué _____ normalmente los fines de semana? (hacer)
   B. Pues normalmente no _____ mucho, pero este fin de semana _____ a la montaña con un amigo. (salir, ir)
7. A. ¿Dónde _____ esta mañana? _____ varias veces al móvil. (estar, llamar)
   B. Pues _____ en el hospital viendo a mi cuñada. (estar)
8. A. ¿Cuánto tiempo hace que _____ casado? (estar)
   B. Muy poco, sólo seis meses.

**7.** En el texto siguiente hay 10 errores, encuéntralos y corrígelos.

# Joaquín tiene una profesión atípica para un hombre.

Me llamo Joaquín del Campo y es matrona. Trabajo en el hospital de El Escorial de hace 17 años. A las mujeres no les importa, pero a veces sí les choca a los médicos, porque espera que la matrona sea una mujer.

Algunas mujeres dicen que me prefieren a mí porque soy más sensible. No lo sé. A mí me gustan mi trabajo, siempre intento animar la madre, la pregunto cómo se va a llamar el bebé, le cuento que es un momento duro pero que pronto tendrá a su bebé en los brazos y el dolor pasarán.

Si a alguna mujer le molestan mi presencia, otra compañera viene y no pasa nada. Creo que he atendido unos 4.000 partos. El mejor, cuando ayudé a mi mujer. Creo que todos los padres debe ver cómo nace sus hijos, es una experiencia inolvidable.

## A. En la estación

**1.** Busca en la sopa de letras siete palabras relacionadas con el autobús.

| A | C | O | N | D | U | C | T | O | R | S | O | T | B |
|---|---|---|---|---|---|---|---|---|---|---|---|---|---|
| K | E | L | V | T | O | N | D | A | D | A | M | C | I |
| E | L | O | M | R | C | O | C | P | E | S | I | L | C |
| B | I | L | L | E | T | E | B | A | N | I | R | O | D |
| E | N | T | R | V | A | U | T | R | A | E | P | M | E |
| A | E | B | I | I | M | O | V | A | M | N | A | O | C |
| T | A | V | I | S | R | E | V | D | A | T | Z | T | A |
| A | N | C | R | O | T | R | I | A | T | O | T | R | E |
| I | N | T | E | R | C | A | M | B | I | A | D | O | R |

**2.** Lee el texto y contesta las preguntas.

### EL METRO DE MADRID

A principios del siglo XX, los ingenieros Carlos Mendoza, Miguel Otamendi y Antonio González Echarte diseñaron el proyecto de ferrocarril suburbano para la ciudad de Madrid. Al principio no fue fácil financiarlo, porque casi nadie creía en el proyecto: el Banco Vizcaya aportaba cuatro millones, pero faltaban otros cuatro. Afortunadamente, el propio Rey ofreció un millón y así convenció a los que dudaban y se resistían a participar con su dinero.

Por fin, el 17 de octubre de 1919, el rey Alfonso XIII inauguró la primera línea entre Puerta del Sol y Cuatro Caminos. El 31 del mismo mes se abrió el servicio al público. La línea tenía una longitud de 3,48 km y transcurría a lo largo de 8 estaciones. El tiempo de recorrido era de diez minutos, es decir, coger el metro era bastante más rápido que otros modos de moverse por la ciudad. El nuevo medio de transporte tuvo tanto éxito que en el primer año lo usaron más de 14 millones de personas. En 1924 comenzó a utilizarse el billete de ida y vuelta, y en 1926 ya había 14,6 km de vías.

Actualmente el metro de Madrid alcanza 227 km y tiene 190 estaciones. Además, la prolongación de la línea 8 hasta Nuevos Ministerios permite comunicar el centro económico de Madrid con su aeropuerto en sólo 15 minutos.

(Adaptado de www.metromadrid.es)

1. Al principio fue difícil conseguir dinero para la construcción del metro. ¿Por qué?

_____

2. ¿Quién aportó la mayor parte del dinero?

_____

3. ¿En qué día, mes y año empezó la gente a usar el Metro de Madrid?

_____

4. ¿Qué ventaja ofrecía el metro frente a otros transportes?

_____

5. ¿Cómo puedes ir en metro desde el centro de Madrid hasta el aeropuerto de Barajas?

_____

**3.** Construye frases.

1. 19:30 → Rosa llegar.
   19:00 → La clase empezar.
   *Cuando Rosa llegó, la clase ya había empezado.*
2. 12:15 → Yo arreglar el televisor.
   12:35 → Venir el técnico.
   *Cuando vino el técnico, yo ya había arreglado el televisor.*
3. 16:00 → Mercedes volver.
   15:40 → Su hijo fregar los platos y recoger la cocina.

_____

4. Lunes 9 ➤ El dueño venderlo.

   Martes 10 ➤ Hugo preguntar por aquel piso.

   _____

5. 1981 ➤ Gustavo Carrascosa ganar el Premio
   Nobel de Literatura.

   1978 ➤ Escribir *La jaula de cristal*.

   _____

6. Por la mañana ➤ Yo escuchar tu mensaje en el
   contestador.

   Por la tarde ➤ Tú telefonearme otra vez.

   _____

7. 1990 ➤ Yo terminar mis estudios.

   1988 ➤ Yo empezar a trabajar.

   _____

8. Febrero ➤ Nuestro hijo aprender a andar.

   23 de marzo ➤ Nuestro hijo cumplir diez meses.

   _____

**4.** Ana está enseñando unas fotos a su amiga
Beatriz. Completa con el pretérito perfecto de
los verbos del recuadro.

> hacer – abrir – divorciarse – nacer – morir

ANA: Mira, esta soy yo de pequeña. Y este es mi
hermano Juan.

BEA: ¡Ja, ja, qué graciosos! ¿Qué tiene Juan en la
mano?

ANA: Ah, eso es un dibujo que (1)_____ en
el colegio. Y en esta estamos con nuestro
abuelo; mi abuela ya (2)_____, la
pobre… Y fíjate: esta es de nuestros primeros
años de matrimonio. Aquí ya (3)_____
nuestra primera hija, Paula.

BEA: Ya, ya… Huy, y esto es un cumpleaños o algo
así, ¿no?

ANA: Sí, sí, esto es la fiesta de cuando Ramón
cumplió 30. No está la mujer de mi hermano
porque ellos ya (4)_____.

BEA: Ah…

ANA: Y esto es en 1980: aquí estamos a la puerta del
restaurante. Ya lo (5)_____ al público y
nos iba muy bien.

**5.** Subraya la forma correcta.

1. Cuando mis hermanos y yo *éramos* / *fuimos*
   pequeños *nos mudamos* / *nos habíamos* mudado de
   casa.

2. Cuando *volvió* / *había vuelto* mi prima, las dos
   *lloramos* / *habíamos llorado* de alegría.

3. Ayer por la mañana no *contesté* / *contestaba* a tu
   llamada porque en ese momento no *había estado* /
   *estaba* en casa.

4. El mes pasado *habíamos comprado* / *compramos* la
   casa que *vimos* / *habíamos visto* en Internet.

5. Cuando *vivíamos* / *habíamos vivido* en el pueblo,
   *nadábamos* / *nadamos* en el río todos los días.

6. El día en que *conocí* / *conocía* a Teresa yo todavía no
   *había salido* / *salí* con ninguna chica.

7. Hace un par de días *se nos había roto* / *se nos
   rompió* el jarrón que nos *habías regalado* / *regalabas*
   en Navidad.

8. Antes siempre *pasábamos* / *pasamos* las vacaciones
   en la playa, pero el verano pasado *estuvimos* /
   *estábamos* en un pueblo de montaña.

9. Esta mañana *olía* / *había olido* a quemado en la
   escalera porque la vecina *dejaba* / *había dejado* el
   asado demasiado tiempo en el horno.

**2**

### B. ¿Cómo vas al trabajo?

**1.** En este crucigrama encontrarás palabras
relacionadas con los medios de transporte.

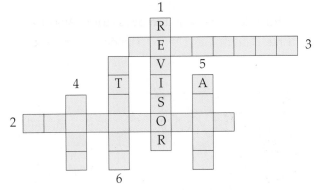

1. Persona que comprueba los billetes en el autobús,
   el tren o el metro.

2. Cambiar de línea de metro para llegar a donde
   quieres es hacer _____.

3. Billete especial de diez viajes para ir en autobús y en metro.

4. Transporte público que no es ni el autobús, ni el metro ni el tren.

5. Lugar donde la gente espera a que venga el tren.

6. Hoy he llegado tarde al trabajo porque había un _____ tremendo.

**2.** Vas a escuchar una historia curiosa, pero antes mira las viñetas y escribe lo que crees que pasó.

**3.** Ahora escucha y comprueba. 2

## C. Intercambio mi casa

**1.** Fernando nos cuenta su experiencia de intercambio de casa.

Nosotros no sabíamos que existía esto de los intercambios de casa hasta que unos amigos nos contaron que lo habían hecho un verano. Como estaban tan entusiasmados con la experiencia, nos animamos nosotros también. Lo primero que hicimos fue informarnos y mandar un formulario por Internet con nuestras preferencias a una agencia que concertaba intercambios. Pensábamos en una pareja sin hijos, como nosotros. En principio estábamos abiertos a varias posibilidades, pero al final nos gustó una oferta de un matrimonio italiano. Era una casa grande, muy cerca de Roma, con jardín y bonitas vistas. Así que contactamos con ellos y ense-

2

guida llegamos a un acuerdo. Total, que en un abrir y cerrar de ojos estábamos allí: la casa era estupenda, tenía hasta piscina y una chimenea que no tuvimos que usar, porque estábamos en mayo. Fue un mes inolvidable en el que conocimos gente maravillosa y descansamos muchísimo, porque la zona era muy tranquila... bueno, quizás demasiado: estuvo muy bien, pero creo que la próxima vez elegiremos una casa en la ciudad, por cambiar de experiencia.

1. ¿Cómo se enteraron Fernando y su mujer de que la gente intercambia su casa?

_____

2. ¿En qué estación del año hicieron el intercambio?

_____

3. ¿Cuánto tiempo duró?

_____

4. ¿Piensan volver a hacer intercambio de casa?

_____

**2.** Completa con las preposiciones del recuadro.

> al (x 2) – del – hasta – en (x 3)
> a – de (x 3) – desde

Yo vivo (1) *a* 20 kilómetros (2)_____ la ciudad, así que voy todos los días (3)_____ trabajo (4)_____ tren. La casa está (5)_____ norte de Tihual, (6)_____ la sierra de Vallehermoso. (7)_____ el pueblo (8)_____ la casa hay unos 10 kilómetros (9)_____ coche. Las vistas son preciosas y la casa está muy cerca (10)_____ río, así que es un lugar ideal para ir (11)_____ pesca o (12)_____ excursión al campo.

**3.** Completa con la preposición correcta.

1. Para ir *desde* mi casa _____ lugares que están lejos prefiero ir _____ taxi.
2. Vivimos _____ diez minutos de la estación.
3. Los huevos están _____ 1,50 € la media docena.
4. Para llegar a la ciudad donde yo vivo tienes que ir _____ la carretera de Valencia.

**4.** Carlos e Inés son un matrimonio que quiere intercambiar su casa. Escucha cómo se lo cuentan a su vecino José y rellena el formulario con lo que buscan. 3 🔘

| País de intercambio: | *Brasil* | |
|---|---|---|
| Época del año: | | |
| Número de personas: | | |
| Niños: | ○ Sí | ○ No |
| Tipo de propiedad: | ○ Urbana | ○ Rural |
| Fumadores: | ○ Sí | ○ No |
| Intercambio de coche: | ○ Sí | ○ No |
| ○ Lago | ○ Playa | |
| ○ Montaña | ○ Bosque | |
| ○ Atracciones turísticas | ○ Zona comercial | |

**5.** Aquí tienes algunos elementos que puedes encontrar en una casa. Escribe su nombre debajo de cada dibujo.

1. _____

2. _____

3. _____

4. _____

5. _____

6. _____

7. _____

8. _____

2

**3**

## A. Amigos

**1.** Encuentra en la sopa de letras nueve adjetivos de carácter y relaciónalos con sus definiciones.

```
S  P  R  T  M  C  B  G  R  T  N  S
C  F  V  A  G  O  T  S  N  B  O  P
A  Z  F  O  R  M  A  L  L  U  Y  O
S  D  R  T  B  P  W  S  T  R  N  A
N  B  V  C  A  R  I  Ñ  O  S  O  L
Q  V  B  Y  T  E  R  C  O  I  B  C
Z  Q  C  V  U  N  P  Ñ  L  N  P  Ñ
X  E  G  O  I  S  T  A  Ñ  C  G  M
P  O  T  I  M  I  D  O  M  E  U  B
Z  E  R  F  Q  V  E  U  N  R  Z  P
G  E  N  E  R  O  S  O  Ñ  O  P  T
```

Alguien que…

a. …no le gusta trabajar  *vago*

b. …reparte lo que tiene  _____

c. …se mantiene en sus ideas  _____

d. …comprende bien a los demás  _____

e. …cumple su palabra  _____

f. …muestra cariño  _____

g. …sólo piensa en sí mismo  _____

h. …siempre dice la verdad  _____

i. …le cuesta relacionarse  _____

**2.** Completa con el verbo en subjuntivo.

> ser – tener (x 2) – entender – hablar
> cuidar – jugar – poder – estar

1. No conozco a nadie que *hable* tantos idiomas como tú.

2. Estoy buscando un piso que _____ más de 100 m², que _____ luminoso y todo exterior.

3. Aquí no vive nadie que _____ perros ni gatos.

4. Necesitamos a alguien que _____ de nuestra hija.

5. Este puesto de trabajo es para un hombre joven que _____ dispuesto a viajar con frecuencia.

6. ¿Hay alguien en vuestra familia que _____ al ajedrez?

7. Quiero comprar un perro que _____ protegernos.

8. Necesito hablar con alguien que _____ de decoración.

**3.** Subraya el verbo más adecuado.

1. Lucas es una persona que *hace / haga* amigos fácilmente.

2. Aquí hay alguien que *sabe / sepa* la verdad.

3. Hay pocas personas que *estudien / estudian* esa carrera.

4. Necesitan un coche que *tiene / tenga* un buen maletero.

5. Tengo un sobrino que *hace / haga* mucho deporte.

6. Le encantan las películas que *acaban / acaben* bien.

7. ¿Les queda algún traje que *cueste / cuesta* menos de 60 €?

**4.** Escribe un e-mail a una agencia matrimonial explicando cómo es la persona que buscas. Elige algunas características de esta lista y añade tú otras nuevas.

✔ Ser comprensivo / atrevido / apasionado / sincero / responsable / formal.

✔ Gustar bailar / el cine / la música clásica / el deporte / viajar / comer bien / los deportes de riesgo.

✔ Tener sentido del humor…

✔ Tocar algún instrumento musical / cocinar bien / cantar bien…

✔ Saber escuchar / hacerme reír…

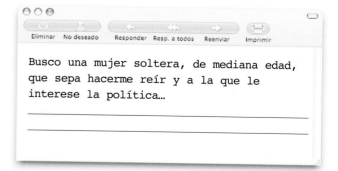

Busco una mujer soltera, de mediana edad, que sepa hacerme reír y a la que le interese la política…

## B. Hermanos

**1.** Completa estas citas de personajes famosos sobre la familia con las palabras del recuadro; algunas se usan dos veces.

> hijos (x 2) – padre – nietos – madre
> familia política – suegra

*La* (1) *suegra perfecta tiene que seguir esta regla: muchos regalos, pocas visitas y ningún consejo.*
(Anónimo)

*La razón por la que los abuelos y los* (2)_____ *se llevan tan bien es que tienen un enemigo común.*
(Sam Levenson, humorista estadounidense)

*El niño reconoce a la* (3)_____ *por la sonrisa.*
(León Tolstoy, novelista ruso)

*Antes de casarme tenía seis teorías para educar a los* (4)_____. *Ahora tengo seis* (5)_____ *y ninguna teoría.*
(John Wilmot, poeta británico)

*Un buen* (6)_____ *vale por cien maestros.*
(Jean Jacques Rousseau, escritor y filósofo francés)

*Tener un hijo cambia tu concepto sobre la* (7)_____. *Ahora me encanta que vengan de visita. Mientras ellos cogen al niño, yo puedo salir por ahí.*
(Matthew Broderick, actor estadounidense)

**2.** Ángeles ha invitado a su amigo Paco a su cumpleaños. En su casa le presenta a su familia. Escucha el diálogo y completa las frases con la palabra adecuada. 4 (•)

ÁNGELES: Hola, Paco, pasa, pasa…
PACO: Hola, Ángeles, felicidades. ¿Qué tal?
ÁNGELES: Pues muy bien, ¿y tú?
PACO: Bien, gracias. Esto es para ti.
ÁNGELES: ¡Pero, hombre, si no tenías que traer nada! Muchas gracias. Ven, que te presento a mi marido. Jaime, este es Paco.
JAIME: Hola, Paco, encantado.

PACO: Encantado.
ÁNGELES: Y estas son mis tías Carmen y Nieves, y mi hermana Teresa.
PACO: Hola.
ÁNGELES: Y aquí están mi hijo Ramón y su mujer, Lola.
PACO: Encantado.
CARI: Y yo soy Cari, soy la madre de Ángeles.

1. Ángeles es la *mujer* de Jaime.
2. Lola es la _____ de Ángeles y de Jaime.
3. Ángeles es la _____ de Lola.
4. Cari es la _____ de Ramón.
5. Ángeles es _____ de Carmen y de Nieves.
6. Jaime es _____ de Cari.

ESCUCHAR

**3.** Graciela y Eva son hermanas gemelas. Escucha la entrevista que les hacen en un programa de radio y responde a las preguntas. Después completa la tabla. 5 (•)

1. Graciela y Eva, ¿son exactamente iguales físicamente? _____
_____

3

2. ¿Qué le pasó al novio de Graciela? _____

_____

3. ¿Qué le molesta a Eva? _____

_____

|  | GRACIELA | EVA |
|---|---|---|
| Carácter |  |  |
| Gustos |  |  |

**4.** Relaciona cada adjetivo con su contrario.

1. generoso                a. informal.
2. conservador             b. trabajador.
3. vago                    c. comprensivo.
4. terco                   d. egoísta.
5. creativo                e. aburrido.
6. sociable                f. progresista.
7. formal                  g. tímido

**5.** Benedicto y Ana Isabel son padres adoptivos de una niña. Lee el texto y señala V/F .

## PADRES DE CORAZÓN

Benedicto y Ana Isabel son una pareja que vive en Valencia. Después de ocho años de casados vieron que no podían tener hijos biológicos y, después de pensarlo mucho, decidieron adoptar un hijo.

Primero tuvieron que elegir un país, y ellos optaron por la India. Luego pasaron unas pruebas psicológicas y sociales, rellenaron un montón de papeles y, después de dos años, recibieron una foto de la niña que les habían asignado. Se llamaba Vandita y tenía un año. A los pocos meses fueron a Bombay para recoger a Vandita.

"Durante los primeros cuatro o cinco días que estuvo con nosotros, la niña casi no se reía, sólo comía y dormía. Pero, después de una semana, ya estaba más segura con nosotros y empezó a jugar y reírse. Ahora tiene 5 años, va al colegio y es igual que cualquier otro niño".

1. Benedicto y Ana pensaron adoptar un hijo biológico.                    F
2. La pareja quería un hijo de la India.                    ☐
3. La niña llegó a España después de tres años de espera.                    ☐
4. La niña se reía mucho los primeros días.                    ☐
5. Ahora es una niña normal.                    ☐

**6.** Escribe las tildes que faltan en las frases siguientes.

1. Sé hablar alemán, español e inglés.
2. Ayer vino a clase un chico muy timido que tenia unos ojos preciosos.
3. ¿Cuando llego Alvaro de Malaga?
4. Me gustan muchisimo los pajaros.
5. ¡Que tengais un buen viaje!
6. ¡Que simpatico es Luis!
7. Llego tarde a la oficina todos los dias por culpa del autobus.
8. Deberias hablar con el.
9. El examen de matematicas es la proxima semana.
10. Anteayer estudie gramatica toda la tarde.

## C. Tengo problemas

**1.** Relaciona cada problema con el consejo o sugerencia correspondientes.

1. Siempre llega tarde al trabajo.                    C
2. Nuestros vecinos son muy ruidosos.                    ☐
3. Estoy muy sola.                    ☐
4. Trabajo demasiado.                    ☐
5. Todos los días lo mismo: estoy harto de atascos.                    ☐
6. Últimamente estoy muy cansado y me siento débil.                    ☐
7. Cocino fatal.                    ☐
8. Mi primo vive muy lejos de su lugar de trabajo, todos los días tiene que coger dos trenes.                    ☐
9. No me llevo bien con mi hermana: siempre quiere tener razón, y yo también.                    ☐
10. Tengo muchas cosas que hacer y no sé por dónde empezar.                    ☐

a. Lo que tienes que hacer es comprarte una mascota.

b. Tiene que sacarse el carné de conducir.

c. Tiene que madrugar más.

d. Deberías organizar tu tiempo.

e. Deberíais hablar con ellos.

f. Deberías hacer un curso de cocina.

g. Lo que tienes que hacer es ir en metro.

h. Deberíais ser menos tercas.

i. Tienes que ir al médico.

j. Lo que tienes que hacer es relajarte un poco y descansar.

**2.** Completa con el verbo apropiado en condicional.

> salir – tener – hacer – ver – poner
> abrigarse – escribir – estar

1. Yo en tu lugar *me abrigaría* bien, porque hace muchísimo frío.

2. Yo en tu lugar _____ la tele. Va a empezar el partido.

3. Yo en tu lugar _____ cuidado. Acabo de encerar el suelo.

4. Alberto está muy preocupado por su examen. Pero yo en su lugar _____ tranquilo: va muy bien preparado.

5. ¿Otra vez le duele la muela? Yo en su lugar _____ al dentista.

6. Yo en tu lugar _____ las maletas esta noche. Mañana nos iremos muy temprano.

7. Yo en tu lugar _____ esa película. Es buenísima.

8. Parece que va a llover. Yo en vuestro lugar no _____ sin paraguas.

**3.** Escribe un consejo para cada una de estas personas. Utiliza la siguiente estructura:
*Yo en tu/su/vuestro lugar…*

1. Me cuesta mucho ahorrar. Gasto demasiado.
   *Yo en tu lugar compraría una hucha, no compraría cosas innecesarias.*

2. Estoy enfermo y tengo que quedarme en la cama. Pero me aburro muchísimo y no sé qué hacer.
   _____

3. No tengo éxito con las chicas. Soy muy tímido y no sé de qué hablar con ellas.
   _____

4. Tengo problemas en español: no sé cómo memorizar el vocabulario.
   _____

5. Soy muy desordenado. Mi casa está llena de libros y papeles y ya no sé dónde meterlos.
   _____

6. Desde que me mordió un perro me dan mucho miedo. No sé qué hacer para superarlo.
   _____

7. Me da mucha vergüenza hablar en clase de español. Siempre pienso que voy a cometer muchos errores.
   _____

8. Mi hermano y su novia quieren comprarse un piso, pero no tienen suficiente dinero.
   _____

**4.** Eres psicólogo y trabajas para una revista. Escribe una carta aconsejando a esta persona.

> Mi hijo tiene ya 28 años y aún vive con nosotros. El problema es que intentamos que esté a gusto en casa, pero él va a su aire y se comporta como si estuviera en un hotel. Casi no nos habla, y, cuando se lo reprocho, me contesta que le deje en paz, que ya puede hacer su vida. Está trabajando, pero le seguimos dando dinero para sus gastos. Sube a su novia a casa, aunque sabe que no me gusta; y si se va de viaje no llama para decir que ha llegado; nos gastamos un dineral en sus llamadas telefónicas; viene a comer cuando le apetece… Ya no sabemos qué hacer.

## A. ¡Cuánto tiempo sin verte!

**1.** Observa las viñetas y escribe frases siguiendo el modelo.

1. salir (ellos) / llover.
   *Cuando salieron de casa, estaba lloviendo.*

2. llegar (ellos) / robar.
   _____

3. verla (yo) / cruzar (ella).
   _____

4. empezar la película / cenar (ellos).
   _____

5. abrir la puerta de su cuarto (nosotros) / Alicia hablar por el móvil.
   _____

6. volver del trabajo (él) / su mujer leer el periódico.
   _____

7. despertar (ella) / preparar el desayuno (él).
   _____

**2.** Escribe el verbo en la forma adecuada. Utiliza he estado / estaba / estuve + gerundio

1. Violeta tiene hoy un examen de piano. (Practicar)
   *Ha estado practicando* mucho esta semana.

2. Cuando llegamos al zoo, los cuidadores (dar de comer) _____ a los leones.

3. Se cayó cuando (esquiar) _____.

4. Anoche (hablar, nosotras) _____ del problema de Carmen hasta las doce de la noche.

5. Esta tarde (escuchar, ellos) _____ música de los años ochenta.

6. Hoy no habéis trabajado nada, (criticar, vosotros) _____ a Luis toda la mañana.

7. Este director de cine murió mientras (rodar) _____ su última película.

8. El lunes pasado (ellos, escribir) _____ un informe para el director. No lo terminaron hasta las 14.30.

**3.** Estás de vacaciones en Ibiza y te has encontrado con una amiga a la que no veías desde hace tiempo. Habéis hablado bastante sobre cómo ha cambiado vuestra vida. Escribe frases contando lo que sigue haciendo y lo que ya no hace.

1. Veranear en Ibiza. (Sí) *Sigue veraneando en Ibiza.*

2. Coleccionar postales. (No)
   *Ha dejado de coleccionar postales.*

3. Jugar al fútbol. (No) _____

4. Salir con Tomás. (Sí) _____

5. Vivir en Múnich. (Sí) _____

6. Estudiar medicina. (No) _____

7. Vivir con sus padres. (No) _____

8. Ser vegetariana. (No) _____

9. Hacer submarinismo. ( Sí) _____

10. Ir a clases de ballet. (No) _____

11. Escribir poemas. (Sí) _____

12. Ser muy alegre. (Sí) _____

**4.** Completa con las palabras del recuadro.

> sigue (x 2) – vuelve a (x 2) – llevan
> lleva – empieza a (x 2)
> deja de (x 2) – acaba de (x 2)

1. A. ¿Está Rosa?

   B. No, *acaba de* salir hace un minuto.

2. A mi hijo pequeño no le gustan los perros, siempre que ve uno, _____ llorar.

3. Paco y Yolanda _____ viviendo juntos 5 años.

4. Mi madre _____ llegar de viaje y está muy cansada.

5. Estela aún no se ha independizado porque _____ buscando piso.

6. ¡Qué mala suerte! Siempre que lavo el coche, _____ llover.

7. Si mi hermano _____ preocuparse por todo, dormirá mucho mejor.

8. Roma es una ciudad tan fascinante que todo el que va una vez _____ visitarla.

9. Me he quejado varias veces, pero mi vecino _____ haciendo muchísimo ruido.

10. Es un chico muy tenaz: cuando no consigue algo, siempre _____ intentarlo.

11. Hemos ido al médico y hemos probado muchas cosas, pero mi marido no _____ roncar.

12. Tere está muy ocupada: hoy _____ trabajando todo el día.

**5.** Reescribe las siguientes frases utilizando una perífrasis.

1. La película ha empezado ahora mismo.
   *La película acaba de empezar.*

2. Me examiné del carné de conducir, pero no aprobé. Hoy me he examinado otra vez.
   _____

3. Son las 18.01, y he terminado el informe a las 18.00.
   _____

4. Mi cuñado busca trabajo desde hace dos meses.
   _____

5. ¿Por qué ya no me escribís cartas?
   _____

6. Esta actriz es muy mayor, pero aún actúa en el cine.
   _____

7. Antes vendíamos revistas, pero ya no las vendemos.
   _____

8. Trabajan desde los 18 años.
   _____

9. He visto de nuevo la película que me prestaste.
   _____

## B. La educación antes y ahora

**1.** Construye frases.

1. Los niños tener mucha imaginación / ser menos creativos.
   *Antes los niños tenían mucha imaginación, pero ahora son menos creativos.*

2. Darme miedo el agua / encantarme nadar.

3. Los niños apreciar más los juguetes / tener demasiadas cosas.

4. Salir (nosotros) todas las tardes / no tener tiempo.

5. Venir (vosotros) todas las semanas / estar siempre ocupados.

6. Los niños construir sus propios juguetes / sus padres comprárselos.

7. Los niños jugar en la calle con sus amigos / preferir divertirse con los videojuegos.

**2.** Seguro que has mejorado mucho tu español. Habla de tus progresos construyendo cinco frases con *antes* y *ahora*.

*Antes me daba mucha vergüenza hablar español, pero ahora lo hago sin problemas.*

**3.** Completa las frases con la palabra adecuada.

| pedir una beca – matricularse |
| colegios públicos – uniforme – aprobar |
| colegio privado – asignatura |
| colegio mixto – guardería – suspender |

1. Su hijo estudia en un *colegio privado* carísimo.

2. Estoy en un _____, así que en mi clase hay niños y niñas.

3. No he estudiado lo suficiente: creo que voy a _____ este examen.

4. Mi _____ favorita son las matemáticas.

5. Para _____ el curso tendrás que esforzarte mucho.

6. En la mayoría de los _____ los alumnos no llevan _____.

7. Clara va a _____ en la universidad para el próximo curso.

8. Voy a _____ para estudiar en el extranjero.

9. A las 16.00 horas recojo a mi hijo de la _____.

**1.** Escucha al aventurero Manuel de los Peligros y marca con una *X* las cosas que dice que ha hecho. 6 🔘

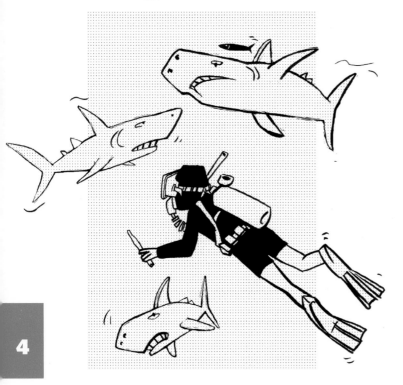

1. Visitar España.  ☒
2. Ver un desierto de Chile.  ☐
3. Ir a la Luna.  ☐
4. Viajar a Kenya.  ☐
5. Escalar el K2.  ☐
6. Bucear con tiburones.  ☐
7. Comer carne de serpiente.  ☐
8. Nadar en el Amazonas.  ☐
9. Dar la vuelta al mundo en bicicleta.  ☐
10. Viajar acompañado.  ☐

**2.** Ahora haz tú cinco preguntas a Manuel de los Peligros sobre las cosas que ha hecho (utiliza siempre el pretérito perfecto).

*¿Has aprendido a hablar muchos idiomas durante tus viajes?*

**3.** Patricia es periodista. Ha tenido una entrevista para trabajar en una cadena de televisión muy importante. Estas son las cosas que ha contado a su entrevistador. Escribe tú las frases como en el ejemplo.

1. Estudiar periodismo en la universidad del Saber.
   *He estudiado periodismo en la universidad del Saber.*
2. Hacer un curso de redacción y corrección de estilo.
   _____
3. Presentar un programa en la radio.
   _____
4. Trabajar en la redacción del periódico *Dime*.
   _____
5. Dar una conferencia en las XI Jornadas de Periodismo de La Habana.
   _____
6. Escribir un libro sobre política exterior.
   _____
7. Ganar varios premios de periodismo.
   _____
8. Ser corresponsal en Asia.
   _____

**4.** Completa el texto de las viñetas.

A. *He hecho (hacer) parapente, _____ (recorrer) todo el mundo, y _____ (cazar) yo solo animales peligrosísimos. ¡Ah, y _____ (vivir) un mes con una tribu caníbal!*

B. *Pues nosotros _____ (nadar) rodeados de cocodrilos, _____ (pasar) un año en una isla desierta comiendo sólo cocos y carne de papagayo, y (ganar) _____ un premio de supervivencia.*

C. *No sé… ¿Seguro que no lo _____ (soñar, vosotros)?*

**5.** Aquí tienes algunos adjetivos que has visto en esta unidad. Escribe sus contrarios en la columna correspondiente.

> feliz – tranquilo – limitado – honesto
> útil – legales – ordenado – necesario
> experto – responsable – cómodo
> controlado – tolerante – paciente – justo
> maduro – legal – agradable – sensible
> sociable

| Des- | In- / Im- / I- |
|------|----------------|
|      |                |
|      |                |
|      |                |
|      |                |

**6.** Completa las frases con los adjetivos contrarios a los del recuadro.

> personal – respetuoso/a – organizado/a
> lógico/a – animado/a – obediente
> visible – orientado/a – capaz – posible

1. Desde que está en paro, Francisco está muy *desanimado*.
2. Los espías usaban tinta _____ para escribir sus mensajes secretos.
3. No me gusta el ambiente de la oficina: nadie conoce a nadie, el trato es demasiado _____.
4. Álvaro, no contestes mal al abuelo: no debes de ser tan _____ con las personas mayores.
5. ¿Me podría decir dónde hay una boca de metro? Es que estoy un poco _____.
6. No me ha gustado nada la película: la trama me ha parecido completamente _____.
7. Eva nunca encuentra nada porque es muy _____.
8. Este niño nunca hace lo que le mandan: es muy _____.
9. ¡Cierra la ventana! ¡Es _____ trabajar con tanto ruido!
10. Julia es _____ de ahorrar: gasta todo lo que gana.

**7.** Acentúa los monosílabos que lo necesiten.

1. ¿Te preparo un te?
2. A mi no me eches azúcar, por favor.
3. El estaría orgulloso de ti.
4. El sobrino de Luis no va a ir a tu despedida de soltero.
5. Se que estás preocupada.
6. ¡Que tengáis un buen viaje!
7. ¿Cómo se dice esto en español?
8. ¡Que sorpresa!
9. A Pedro no le gusta esquiar, pero a Laura si.
10. Si te duele la cabeza, descansa un rato.

**4**

**5**

## A. ¿Por qué soy vegetariano?

**1.** Escribe el nombre de estos alimentos.

1. _____   2. _____   3. _____

4. _____   5. _____

6. _____   7. _____   8. _____

9. _____   10. _____   11. _____

12. _____   13. _____   14. _____

15. _____   16. _____   17. _____

18. _____   19. _____

**2.** Completa con *para* o *para que*.

1. Se ha levantado muy temprano *para* llegar pronto al trabajo.
2. Cocino con poca sal _____ mi familia esté más sana.
3. Yo bebo dos litros de agua al día _____ eliminar toxinas.
4. Mi madre ha dejado el coche en el taller _____ se lo arreglen.
5. Dejadme un mensaje en el móvil _____ sepa que ya habéis llegado.
6. Nosotros cenamos ligero _____ dormir mejor.
7. Se han apuntado a un curso de bailes de salón _____ divertirse.
8. Habla bajo _____ no despertar a los niños.

**3.** Termina las frases.

1. He llamado por teléfono a mi padre para que
_____
2. Te he comprado estos libros para que
_____
3. Mis amigos han organizado una fiesta para
_____
4. Paco ha ido al médico para
_____
5. Os doy mi dirección para que
_____
6. Ha dejado de fumar para
_____

**4.** Construye frases.

1. Yo ir a la farmacia / (ellos) recomendar un medicamento.
*He ido a la farmacia para que me recomienden un medicamento.*
2. (Ellos) Regalar una bufanda a su sobrina / no tener frío. _____
3. (Yo) Poner el despertador / (tú) levantarse temprano. _____
4. (Ella) Dejar algo de ropa en la habitación / (vosotros) ponérosla. _____

## B. Las otras medicinas

### ESCUCHAR

**1.** Vas a escuchar una grabación donde se dan instrucciones para relajarse. Escúchala y escribe el nombre de las partes del cuerpo que se mencionan en el lugar correspondiente. **7**

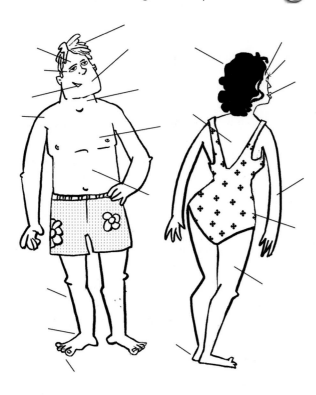

**2.** ¿Conoces otras partes del cuerpo? Anota sus nombres en el dibujo del ejercicio anterior. Si no sabes cómo se dicen en español, consulta tu diccionario.

**3.** Completa estos remedios naturales con la palabra adecuada.

> tos – quemaduras solares – insomnio
> estreñimiento – mareo – fiebre
> dolor de cabeza

1. Para no tener *insomnio*, cómete una manzana antes de acostarte, o toma lechuga en la cena.
2. Para acabar con la _____ rebelde, prepara un jarabe cortando una cebolla en rodajas y cubriéndola de miel. Deja reposar la mezcla toda la noche, cuélala y tómala cuatro veces al día.
3. Para evitar el _____ en los viajes, toma frutos secos, chupa regaliz o una rodaja de limón.
4. Para calmar el dolor de las _____, aplica en la zona unas rodajas de pepino fresco.
5. Para bajar la _____, aplica en la frente y en las muñecas una compresa empapada en alcohol de romero.
6. Para acabar con el _____, pela y lava una patata, córtala en rebanadas y empápala en vinagre de manzana. Colócala sobre una toalla húmeda y póntela en la frente.
7. Para combatir el _____, toma dos kiwis al día (mejor en el desayuno).

**4.** Crucigrama.

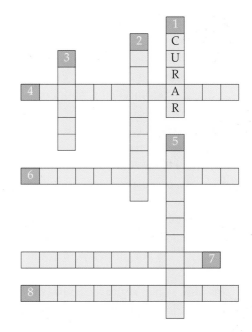

1. Lo que hacen los médicos.
2. Perder peso.
3. Tengo que seguir una _____ baja en sal para cuidar mi corazón.
4. Una terapia muy divertida.
5. El lugar donde se compran hierbas y productos naturales para la salud.
6. Este _____ me lo ha recetado el médico.
7. La gripe es una _____ muy común.
8. Un chico que no come carne.

**5**

**1.** Lee este texto y completa los huecos con una de las palabras del recuadro. Sobran dos.

demuestran – descanso – tranquilidad
gente – persona – echar – comida – masaje
británicas – de moda – a oscuras – estrés
sin – despido – con

## DORMIR EN EL TRABAJO

Echarse la siesta en la oficina empieza a ponerse (1) *de moda*. Estudios científicos demuestran que dormir 20 minutos mejora la productividad.

Dormirse en el trabajo puede ser motivo de sanción o incluso de (2)_____. Sin embargo, ahora algunas compañías animan a sus empleados a (3)_____ una cabezadita en la misma oficina para reponer fuerzas.

Según las experiencias recogidas en el diario *Financial Times*, empresas (4)_____ están preparando salas especiales de descanso para que sus empleados puedan dormir durante 15 o 20 minutos. En la sala, que está (5)_____, hay un sillón y música relajante, y los responsables de la idea afirman, (6)_____ ninguna duda, que el sueño es uno de los pilares de la salud.

Otro objetivo de las salas de (7)_____ es evitar el (8)_____ y el cansancio. Algunos trabajadores no utilizan la sala para dormir, sino simplemente para tener un momento de silencio y (9)_____, lejos de los teléfonos. Según la regla informal de funcionamiento de la sala, sólo puede permanecer en el interior una (10)_____ y por un tiempo máximo de 20 minutos.

En otros casos se han instalado algunas sillas electrónicas de (11)_____ shiatsu. Este corto período de tiempo que el trabajador pierde merece la pena

cuando vuelve a su tarea fresco y (12)_____ ganas de seguir trabajando.

Estas experiencias, pioneras en Europa, llevan años aplicándose en Japón, donde incluso existen ya estudios científicos que (13)_____ la rentabilidad de estas salas de descanso. En Estados Unidos, un informe de la Fundación Nacional del Sueño afirmaba que la falta de sueño de los trabajadores cuesta a la economía unos 13.500 millones de euros anuales.

Adaptado de *Metro Directo*

**2.** Completa el cuadro.

| ESCRIBIR | escribe | escriba | escribid | escriban |
|---|---|---|---|---|
| MIRAR | mira | | mirad | |
| JUGAR | | juegue | | jueguen |
| LEER | lee | lea | | |
| SALIR | | salga | | salgan |
| DORMIR | duerme | | | duerman |
| OÍR | | | oíd | oigan |

**3.** Escribe en forma negativa.

1. Dame más papel     *No me des más papel.*
2. Habla más alto     _____
3. Escríbelo aquí     _____
4. Siéntate ahí     _____
5. Llévale el café     _____
6. Préstale el coche a Luis     _____
7. Díselo a María     _____
8. Dámelo     _____
9. Levántate temprano     _____
10. Dale el diccionario a Rosa.     _____

**4.** Repite el ejercicio anterior, con la forma *usted*.

1. *No me dé más papel.*
2. _____
3. _____
4. _____
5. _____
6. _____
7. _____
8. _____
9. _____
10. _____

**5.** Tienes que marcharte de viaje y tienes una lista de cosas para tu secretario/a. Reescríbela en imperativo.

1. Escuchar los mensajes del contestador.
2. Grabar el documental del domingo sobre medicinas alternativas.
3. Revisar mi buzón de vez en cuando.
4. Decir a Marta que voy a estar fuera y que vuelvo dentro de 15 días.
5. Hacer una reserva en el hotel Oasis a nombre de María y Klaus.
6. Poner el anuncio de "se vende coche" en el periódico.
7. Mandar un fax a mi padre con los datos de mi alojamiento en Caracas.
8. Ir a correos a recoger un paquete a mi nombre.
9. Cancelar la cita del jueves con el dentista.

> Eduardo, estas son las cosas que tienes que hacer en estos días.
>
> ✓ Escucha todos los días los mensajes del contestador.
> ✓
> ✓
> ✓
> ✓
> ✓
> ✓
> ✓
> ✓

**6.** Completa los siguientes consejos. Utiliza los verbos del recuadro.

> vivir – no tener – no enfadarse
> respirar – expresar – no dejar – reír – ser
> escuchar – no perder

Para ser feliz...

a. Vive el presente.
b. _____ miedo al futuro.
c. _____ optimista.
d. _____ mucho.
e. _____ profundamente.
f. _____ por tonterías.
g. _____ el canto de los pájaros.
h. _____ tus sentimientos.
i. _____ nunca la confianza en ti mismo.
j. _____ de soñar.

**7.** Aquí tienes una lista de enfermedades o molestias y otra de posibles remedios. Escribe diálogos como el del ejemplo.

1. TENER DOLOR DE MUELAS.
   No comer tantos dulces. No morder cosas duras. No tomar alimentos muy calientes ni muy fríos. Ir enseguida al dentista.

2. ESTAR MUY ESTRESADO.
   No trabajar tanto. Buscar algún momento para relajarse. Oír música suave. Salir y distraerse.

3. ESTAR RESFRIADO.
   Abrigarse bien. Tomar alguna infusión bien caliente. Ir al médico.

4. DOLER LA RODILLA.
   Poner la pierna en alto. No hacer movimientos bruscos con la rodilla: no subir escaleras, y dejar de montar en bicicleta.

(1) A. *¿Qué te pasa?*

B. *Tengo dolor de muelas.*

A. *Pues hombre, no comas tantos dulces. Y no _____ ni _____*
*Y sobre todo _____*

(2) _____
_____

(3) _____
_____

(4) _____
_____

**8.** Escucha y comprueba. 8

**9.** Escucha la grabación y completa los huecos. Atención, ¿se escriben con 'g' o con 'j'? 9

Gabardina, _____, gota, _____, _____, hoguera, _____, _____, jirafa, _____, _____, jota, _____, _____, guepardo, _____.

## 6

## A. Ecológicamente correcto

**1.** Escribe frases siguiendo el modelo.

1. Tirar desperdicios en el campo.
   *Me molesta muchísimo que la gente tire desperdicios en el campo.*

2. Hacer fuego en el bosque sin tomar precauciones.
   _____

3. Comerciar con especies protegidas.
   _____

4. Usar abrigos de piel.
   _____

5. Malgastar el agua.
   _____
   _____

6. Ensuciar los ríos.
   _____
   _____

7. Abandonar sus mascotas.
   _____
   _____

**2.** Construye frases.

1. Me preocupa contaminar    [a]
2. Me preocupa dañar    ☐
3. Me preocupa encontrar    ☐
4. Me preocupa derrochar    ☐
5. Me preocupa escuchar    ☐
6. Me preocupa ver    ☐
7. Me preocupa utilizar    ☐
8. Me preocupa no hacer    ☐

a. demasiado.
b. basura en el mar.
c. tantos pueblos abandonados.
d. la capa de ozono.
e. sustancias tóxicas para el medio ambiente.
f. en la radio las advertencias de las organizaciones ecologistas.
g. lo suficiente por conservar el medio ambiente.
h. los recursos naturales.

**3.** Escribe frases siguiendo el modelo.

A mis padres / salir de noche / yo. (no gustar)
*A mis padres no les gusta que yo salga de noche.*

1. ¿A ti / casarse / Julia y Hugo? (alegrar)
   _____

2. A vosotros / ser feliz / Carlos. (fastidiar)
   _____

3. A nosotros / sacar malas notas / tú. (preocupar)
   _____

4. A mí no / venir a mi casa / vosotros. (molestar)
   _____

5. A los políticos / creer en ellos / la gente. (interesar)
   _____

6. A usted / visitarle / sus hijos. (encantar)
   _____

7. A mi vecina / jugar en el patio / mis hijos. (molestar)
   _____

**4.** Lee estos textos y relaciónalos con uno o varios de los siguientes temas.

Contaminación acústica.    ☐
Contaminación del mar.    ☐
Especies protegidas / amenazadas.    ☐

(1) Una de las pesadillas más terribles y desconocidas es lo que está ocurriendo en el fondo de los océanos. Hace años que estamos perdiendo peces y especies de peces. Parece que eso no nos preocupa. Además, hoy en día, en el océano Pacífico hay seis veces más plástico que plancton, y eso es casi imposible de recuperar. La mayoría de la gente cree que los problemas medioambientales son lejanos, que son una mala herencia para nuestros hijos. Pero los problemas medioambientales los estamos empezando a sufrir ya.

*(El País Semanal)*

(2) Vivo en la calle de la Reina, en Madrid, enfrente de uno de los bares de copas de moda. A mi entender, un bar muy moderno con una deficiencia muy básica y muy poco moderna: no está insonorizado. Los vecinos llevamos bastante tiempo quejándonos por las molestias (problemas para dormir, estrés, etc.), y también hemos intentado, sin éxito, dialogar con la dueña. La diversión y el respeto al sueño no son incompatibles, pero parece que algunos empresarios no lo entienden. J.M.O, Madrid. *(El País Semanal)*

(3) El oso pardo cantábrico es una de las especies en peligro de extinción en la península Ibérica. El norte de León y Palencia es uno de los pocos lugares en los que todavía subsiste esta especie que ha sufrido durante décadas la presión del ser humano. La caza furtiva, la construcción de carreteras y líneas férreas han puesto a este bello animal al borde de la desaparición. *(Diario de Ávila)*

**5.** Lee otra vez y señala *V* o *F*.

1. No se sabe bien qué está pasando en el mar. ☑
2. Con paciencia se puede recuperar la alimentación marina. ☐
3. Los problemas contra el planeta nos afectan actualmente. ☐
4. El bar de enfrente de mi calle es muy ruidoso. ☐
5. Todavía no hemos podido hablar con la propietaria. ☐
6. En el norte de España viven algunos ejemplares de osos pardos. ☐
7. Los osos están en peligro a causa de los cazadores ilegales y de las carreteras. ☐

## ESCUCHAR

**6.** Escucha la conversación entre estas personas y marca en la lista cuáles son las cosas que más les molestan. 10 🔘

| | |
|---|---|
| Que enciendan un cigarrillo sin permiso en su casa. | |
| Que le aconsejen sobre la educación de sus hijos. | |
| La impuntualidad. | |
| Que la gente fume. | |
| Que le mientan. | |
| Que alguien hable demasiado alto. | |
| Que le insistan para que coma alguna cosa. | |
| Que alguien le empuje en el autobús. | |

**7.** ¿Y a ti? ¿Qué es lo que más te…

| | | |
|---|---|---|
| molesta | fastidia | preocupa |
| gusta | alegra | sorprende |

Lo que más me _____ es que _____
_____.

## B. Silencio, por favor

**1.** Lee y completa el texto con los verbos del recuadro.

> tires – colaboremos – dejar – seguir
> encender – avises – utilizar – ser – acampar

### TODOS PODEMOS COLABORAR

No hace falta ser (1) un héroe para combatir los incendios forestales. No es necesario _____ (2) de ir al campo. Tan sólo hay que _____ (3) unas sencillas normas.

■ No hay que _____ (4) el fuego para el trabajo agrario sin pedir primero el permiso correspondiente a las autoridades.

■ Si vamos a comer y pasar el día con los amigos al campo, no hay que _____ (5) fuego, es mejor llevar la comida preparada en casa. Un poco de viento puede avivar el fuego y producir graves daños.

■ Es fundamental que no _____ (6) desperdicios. Las botellas abandonadas y los trozos de vidrio, además de ensuciar el monte, pueden ocasionar incendios.

■ Es conveniente _____ (7) solamente en las zonas autorizadas.

■ Es importante que todos nosotros _____ (8) con los profesionales que realizan la vigilancia y protección de la naturaleza.

■ Por último, es imprescindible que _____ (9) a las autoridades cuando veas un fuego llamando al teléfono de emergencia 112.

(Adaptado de un folleto informativo de la Consejería de Medio Ambiente de la Junta de Andalucía)

6

**2.** Ahora tú: escribe un pequeño texto con algunas normas para ahorrar energía en casa.

Para ahorrar energía en casa no hace falta esforzarse mucho. Sólo hay que _____ _____. En primer lugar, es necesario que _____. También hace falta _____ _____. No es necesario _____ _____, pero es conveniente que _____ _____. Además, hace falta que _____. Y, sobre todo, no hay que _____. Por último, es importante _____

**3.** Construye frases.

1. Para ser paracaidista… **d, 2**
2. No es necesario que…
3. Hay que…
4. Es conveniente que…
5. No hace falta que…
6. Es necesario…

   a. …hagas…
   b. …ser tolerante…
   c. …hacer…
   d. …hace falta…
   e. …me regales nada…
   f. …friegues los platos…

1. …ya lo hago yo.
2. …tener mucho valor.
3. …con las opiniones de los demás.
4. …algunas reformas en la casa.
5. …algo de ejercicio a diario.
6. …por mi cumpleaños.

## C. La ecologista keniana

**1.** ¿Vives en la ciudad? ¿Conoces a alguien que viva en el campo? ¿Crees que te gustaría vivir allí? Hay personas que deciden dejar su trabajo y su vida en la ciudad para marcharse al campo. ¿Por qué crees que lo hacen? Lee este texto para ampliar tu información.

## VOLVER AL CAMPO

Christoph Gaupp Berghussen tenía 24 años cuando llegó a Torronteras, una aldea abandonada de Guadalajara. En la aventura le acompañaba su mujer, Sarah. Ahora tienen 46 y 44 años, son apicultores y padres de tres hijos: Malva, de 12 años; Ángela, de10, y Daniel, de 6. Ni la soledad, ni la falta de agua y electricidad de los primeros años han sido un obstáculo insalvable para esta familia. Malva, la hija mayor, cuenta que, aunque tiene que madrugar bastante para ir al instituto, no le gustaría vivir en una ciudad: "Hay más cines, más tiendas, pero también más ruido".

Ágata Blanco, de 25 años, que vive en La Vera, Cáceres, opina que "la mejor manera de ser ecológico es irse a vivir al campo. No son sólo pueblos, hay muchas tierras de cultivo muy fértiles abandonadas. Solo están esperando que alguien las trabaje". Ágata es agricultora y, además, está estudiando Psicología en la Universidad a Distancia. Está muy contenta de que su niño haya nacido en el campo, pero no todo son ventajas: "Por un lado, piensas que para el bebé va a ser más sano, más seguro, y luego resulta que en invierno no hay bomberos en la zona y que tienes la central nuclear de Almaraz a un paso".

Según Carlos Marín, que cambió su trabajo en la ciudad en una compañía eléctrica, por ser pastor de cabras en un pueblo de Huesca, "la vida es dura, pero también sencilla y barata. Por ejemplo, todas las verduras y la carne las sacamos de aquí". Él y su mujer consideran que el campo es una salida para los que están en paro. "Es difícil estar aislado, pero siempre te puedes acercar a la ciudad". Cuando van a Madrid a ver a la familia, aprovechan para ir al cine y de tiendas. Pero siempre con el billete de vuelta cerrado: "una semana allí y ya te apetece volver a casa".

1. ¿Qué tiene que hacer Malva Gaupp para estudiar?
_____

2. ¿Por qué Malva prefiere el campo a la ciudad?
_____

3. Según Ágata, ¿cuáles son las desventajas de vivir en La Vera?
_____

4. ¿En qué trabajaba antes Carlos? ¿Y ahora?
_____

5. ¿Dónde consiguen gran parte de los alimentos Carlos y su familia?

**2.** Completa las vocales que faltan y encontrarás algunas palabras que has visto en esta unidad.

1. LAGO
2. C_NT_M_N_C_ _ N   _C_ST_C_
3. C_RD_LL_R_
4. S_LV_
5. M_D_ _   _MB_ _NT_
6. _SL_
7. _C_ _ NO
8. _NC_ND_ _   F_R_ST_L
9. C_NT_N_NT_
10. C_P_   D_   _Z_N_
11. C_Ñ_N
12. D_S_ _RT_

**3.** Completa las siguientes frases con el comparativo correspondiente.

1. La vida es *más* tranquila en los pueblos *que* en las ciudades.
2. La comida rápida es _____ sana _____ la tradicional.
3. Me gusta mi nuevo trabajo: es _____ estresante _____ el anterior.
4. Los niños de hoy leen _____ _____ los de antes. Ahora prefieren ver la televisión.
5. Por culpa del cambio climático, ya no llueve _____ _____ hace unos años.
6. El piso de Ana es más espacioso, pero tiene _____ luz _____ el mío.
7. Coge la caja más pesada, tú tienes _____ fuerza _____ yo.

**4.** Pon el adjetivo entre paréntesis en la forma más adecuada (comparativo o superlativo).

1. México es la ciudad *más contaminada* del mundo. (contaminada)
2. El verano pasado fue una de las _____ temporadas de incendios forestales en nuestro país. (malo)
3. La selva amazónica es el _____ pulmón del planeta. (grande)
4. La hormiga es el animal _____ _____, porque puede levantar 12 veces su propio peso. (fuerte)

5. El elefante asiático es _____ _____ que el africano. (pequeño)
6. Valencia es casi _____ _____ como Tokio. (ruidosa)
7. Reciclar está muy bien, pero es mucho _____ producir poca basura. (bueno)
8. La bicicleta es un medio de transporte _____ _____ como agradable. (ecológico)
9. Australia es uno de los países _____ _____ del mundo. (seco)

**5.** Escribe el superlativo de estos adjetivos, como en el ejemplo.

1. Interesante   *interesantísimo.*
2. Grande        ə_____
3. Seco          ə_____
4. Ruidoso       ə_____
5. Vago          ə_____
6. Pequeño       ə_____
7. Lento         ə_____
8. Fuerte        ə_____

**6.** Completa con *tan, tanto, tanta, tantos, tantas.*

1. Mi hijo no es *tan* estudioso como el tuyo.
2. En Madrid hay _____ tráfico como en mi ciudad.
3. Antes había muchísimas truchas en este río, pero últimamente ya no hay _____.
4. Este coche tiene _____ prestaciones como ese otro y, además, es más barato.
5. Nosotros lo pasamos _____ bien en la playa como en la montaña.
6. En algunas ciudades hay _____ coches como personas.
7. Yo no tengo _____ confianza en mí misma como tú.
8. Este año la empresa no ha obtenido unos resultados _____ buenos como el anterior.
9. Nunca había visto _____ libros antiguos.
10. Mi sobrino duerme _____ como un lirón.

**6**

## A. Un buen trabajo

**1.** Relaciona.

1. El mecánico    a. construye casas
2. El fontanero    b. arregla los grifos
3. El albañil    c. arregla el coche
4. El camionero    d. hace muebles
5. El carpintero    e. transporta mercancías
6. El electricista    f. transporta viajeros
7. El taxista    g. apaga el fuego
8. El bombero    h. cuida las plantas
9. El jardinero    i. hace instalaciones eléctricas

**2.** Busca en la sopa de letras el nombre de diez profesiones.

```
Q  E  D  V  B  N  P  I  N  T  O  R  A  L
D  C  U  D  E  P  E  N  D  I  E  N  T  A
J  U  Y  W  P  N  R  Ñ  L  X  R  A  I  Y
T  R  Z  C  O  C  I  N  E  R  O  C  K  T
R  N  P  E  A  B  O  G  A  D  O  T  I  U
Y  X  M  J  A  R  D  I  N  E  R  O  L  P
B  A  I  L  A  R  I  N  A  S  Y  R  R  X
M  E  R  T  Y  C  S  V  B  H  J  K  M  B
C  A  N  T  A  N  T  E  E  M  B  G  J  K
P  O  L  I  C  I  A  A  S  D  F  H  Y  U
```

**3.** Completa el texto con los fragmentos del recuadro.

> clientes femeninos – del dinero que gana
> por teléfono – en su consulta
> barajas de cartas – fue su abuela

# DE PROFESIÓN: ADIVINAR EL FUTURO

### Un vidente cubano atiende desde hace diez años a sus clientes en su consulta de Madrid.

Llegó hace diez años a España procedente de Cuba con una maleta sin ropa y llena de hierbas para curar, y caracolas y _____(1) para adivinar el futuro. Desde entonces, José Sada se gana la vida con su consulta de videncia afrocubana, en la que atiende tanto a público español como latinoamericano. "Tengo sobre todo _____(2) y los temas por los que más preguntan son los del trabajo", cuenta este hombre, casado con una española. Mientras hablamos, le llama un cliente de Sevilla al que le lee el futuro _____(3). Por la tarde tiene otra cliente ecuatoriana a la que atenderá en persona.

Él se define como "vidente afrocubano y espiritista". _____(4) hay desde vírgenes y muñecas negras hasta estampas de San Francisco de Asís o de Jesucristo. _____(5) la que le inició en la videncia. "Con diecisiete años me dedicaba, cuando salía de trabajar, a la curación con yerbas y a leer caracolas", cuenta. Parte _____(6) lo envía a Cuba, a su madre y a una hija de 15 años. Aunque aquí en España tiene otros dos hijos. A José le gustaría regresar un día a su país.

*Adaptado de EL PAÍS*

## B. Cuando pueda, cambiaré de trabajo

### 1. Relaciona.

1. Cuando trabajo muchas horas con el ordenador... [d]
2. Cuando me quede en el paro… ☐
3. Ganaba poco dinero… ☐
4. ¿Te felicitó tu jefe… ☐
5. Me cambiaré de casa… ☐
6. Cuando puedas… ☐
7. Cuando salen de la oficina… ☐
8. Cuando vio a Rosa… ☐
9. Se enfadaron mucho… ☐
10. Te llamarán… ☐

a. ...pásate por mi oficina.
b. ...buscaré otro empleo.
c. ...cuando vuelvan.
d. ...me duele la cabeza.
e. ...cuando me suban el sueldo.
f. ...toman un café con los compañeros.
g. ...cuando empecé a trabajar.
h. ...le preguntó por Miguel.
i. ...cuando les dije que no venías.
j. ...cuando acabaste el proyecto?

### 2. Completa las frases con la forma correcta del verbo entre paréntesis.

1. Avísame cuando *termines* (terminar) tu trabajo.
2. Saldré cuando me _____ (llamar) Juan por teléfono.
3. Cuando vi a Elena en la calle, _____(acabar) de encontrar trabajo.
4. ¿En qué idioma hablabais cuando _____ (ir) a China?
5. Cambiaré de coche cuando _____(terminar) de pagar la hipoteca.
6. Espérame en la cafetería cuando _____(salir) de la oficina.
7. Cuando _____ (hacer) mucho calor, ponemos el aire acondicionado.
8. Cuando _____ (estar) en Italia, acuérdate de mí.

9. Cuando _____ (saber) la hora de la reunión, me lo dices.
10. Cuando _____ (ir) a salir, te avisaremos.

### 3. Completa las preguntas utilizando *cuando* + subjuntivo.

1. ¿Cuándo os vais a casar?
   (Ellos) / entregar (a nosotros) / el piso.
   *Cuando nos entreguen el piso.*
2. ¿Cuándo te vas de viaje?
   (Ellos) / dar (a mí) / las vacaciones.
   _____
3. ¿Cuándo te vas a comprar el ordenador?
   Empezar / las rebajas.
   _____
4. ¿Cuándo vamos al teatro?
   Ser / tu cumpleaños.
   _____
5. ¿Cuándo nos vemos?
   (Yo) / tener / tiempo.
   _____
6. ¿Cuándo veréis a Ana?
   Ir / a Barcelona.
   _____
7. ¿Cuándo pintarán la oficina?
   (Vosotros) / estar / de vacaciones.
   _____
8. ¿Cuándo se lo dirás?
   (Ella) / venir / a verme.
   _____
9. ¿Cuándo te vas a cortar el pelo?
   Hacer / calor.
   _____
10. ¿Cuándo vas a empezar el tratamiento?
    Decir (a mí) / el médico.
    _____
11. ¿Cuándo me van a llamar?
    (Ellos) / llegar / a casa.
    _____

7

## C. Si tuviera dinero...

**1.** Completa las frases con el pretérito imperfecto de subjuntivo del verbo correspondiente.

> sacar – haber – encontrar – trabajar – ir
> invitar – venir – tener – tocar – estar

### Sería feliz si...

1. (yo) *trabajase* menos horas al día.
2. este verano (nos.) _____ de vacaciones al Caribe.
3. no _____ guerras en el mundo.
4. mi novio me _____ a un crucero.
5. me _____ la lotería.
6. mis hijos _____ buenas notas.
7. (yo) _____ un año sin trabajar.
8. mi marido y yo _____ una casa en el campo.
9. mis hermanos _____ trabajo.
10. (tú) _____ a mi fiesta de cumpleaños.

**3.** Completa el siguiente diálogo poniendo los verbos en su forma correspondiente.

A. ¿Quieres aprender a hablar español? Si yo (1) *fuera* (ser) tú, (2) *pasaría* (pasar) un verano en España.

B. No tengo dinero para eso. Si yo (3)_____(ir) a España (4)_____ (tener) que pagarme las clases y el alojamiento.

A. ¿(5)_____ (ir, tú) si no (6)_____(tener) que pagar el alojamiento? Tengo unos amigos españoles en Almería. Si tú (7)_____ (querer) yo les (8)_____ (escribir).

B. ¿Y si me (9)_____ (alojar) con ellos no (10)_____ (tener) que pagar nada?

A. No, no sería necesario. Ellos quieren aprender inglés. Si tú les (11)_____ (dar) clases de inglés, (12)_____ (poder) vivir con ellos gratis.

**2.** Completa las frases con el verbo en su forma correspondiente.

---

## COSAS DE NIÑOS

1. Si *pesase* (pesar, yo) ocho kilos menos, *comería* (comer) muchos pasteles.
2. Mi padre no _____ (discutir) tanto con mi madre si _____ (encontrar) trabajo.
3. Si _____ (ser) aún más guapa, aunque ya lo soy, _____ (tener) muchos novios.
4. _____ (ser, yo) muy feliz si mis abuelos no _____ (morirse) nunca.
5. Si _____ (construir, ellos) los coches de goma, no _____ (haber) tantos accidentes.
6. Si siempre _____ (estar, nosotros) en verano, _____ (bañarse, yo) todos los días en la piscina.
7. Si mi familia y yo _____ (vivir) en un pueblo, _____ (tener) gallinas y vacas.
8. Si yo _____ (ocuparse) de la educación de mi hermano, le _____(castigar) siempre que fuera necesario.
9. La vida _____ (ser) más interesante, si yo _____ (tener) diez años más.
10. Yo me lo _____ (comer) todo si siempre _____ (cocinar) mi abuela.

**4.** Lee el texto.

## ¿Qué pasaría si...?

Si seguimos a este ritmo, en cincuenta años los recursos hídricos y energéticos se agotarán. Todos podemos poner de nuestra parte para evitarlo. Estas son algunas cosas que podemos hacer.

■ ...si utilizáramos menos el coche? Si hiciéramos uso del transporte público o compartiéramos nuestro vehículo con otras personas, habría menos problemas de tráfico, menos contaminación del aire y acústica, y disminuirían las emisiones de $CO^2$.

■ ...si desperdiciáramos menos agua? Ahorraríamos una enorme cantidad de agua si:
  ○ cerráramos el grifo cuando nos lavamos los dientes o fregamos los cacharros,
  ○ nos ducháramos en menos tiempo,
  ○ regáramos los jardines con agua reciclada.

■ ...si utilizáramos electrodomésticos y bombillas de bajo consumo? El 15% de la factura de la luz se debe a la iluminación. Las bombillas de bajo consumo gastan hasta cinco veces menos y, aunque su precio es mayor que el de las convencionales, su duración es mucho mayor. Si usamos pilas, mejor que sean recargables. Y debemos recordar que existen cargadores solares de pilas muy eficientes.

■ ...si siguiéramos la filosofía de las "tres r": reciclar, reutilizar, reducir? Si lo hiciéramos, la producción diaria de millones de toneladas de basura en todo el mundo se reduciría en más de un tercio. Reciclar plásticos, papeles, cartón, latas, vidrio..., no sólo es beneficioso para el medio ambiente, sino que además crea nuevos puestos de trabajo. Debemos reutilizar todo lo que sea posible. Muebles y ropa son los principales elementos objeto de reutilización. Reducir el consumo de productos contaminantes es esencial. En ello nos va la calidad de vida propia, pero especialmente la de nuestros hijos. La solución está en nuestra mano.

**5.** Relaciona la primera parte de las frases con sus finales.

1. Si seguimos consumiendo a este ritmo...  [b]
2. No habría tanta contaminación...  ☐
3. Si tuviéramos cuidado de cerrar los grifos...  ☐
4. Pagaríamos menos de luz...  ☐
5. Si recicláramos más cantidad de basura...  ☐

a. ...gastaríamos menos agua.
b. ...los recursos energéticos se agotarán.
c. ...si tuviéramos bombillas de bajo consumo.
d. ...si utilizáramos más el transporte público.
e. ...mejoraríamos nuestra calidad de vida.

**6.** Contesta las siguientes preguntas.

1. ¿Qué podemos hacer para disminuir los problemas de tráfico?
2. ¿Qué podemos hacer con nuestros jardines para mejorar el problema del consumo del agua?
3. ¿Qué ventajas y desventajas tienen los productos de bajo consumo?
4. ¿Qué tipo de pilas son las más convenientes?
5. ¿Qué ventajas tiene el reciclaje de basuras?
6. ¿Qué productos se reutilizan con mayor facilidad?

### ESCUCHAR

**7.** Enrique y Adela están rellenando un cuestionario. Escucha y completa las siguientes afirmaciones. 11 ◉

1. Si su jefe le encargara un nuevo proyecto,
_____

2. Si otra empresa le ofreciera un nuevo puesto de trabajo, _____
_____

3. Si le dieran un premio por su buena actuación,
_____

4. Si le propusieran un puesto en la dirección,
_____

5. Si le propusieran viajar,
_____

**7**

# A. Deportes

**1.** Busca en la sopa de letras los nombres de estos objetos. ¿Con qué deporte está relacionado cada uno?

```
K B I C I C L E T A M K A P
A A B E S R K F F G A E L A
V P Q G U A N T E S N A A T
G S R E S Q U I E S D R I I
P C T O R U A T V B A L O N
A A L S P E L O T A A L T E
E S L T I T E A E Ñ B O U S
R C B O T A S I T A C X L O
P O M A I T E M E D A L L A
M O P A I T I A S A E I Y Z
L O B B A Ñ A D O R W V O P
```

**2.** Completa con la palabra adecuada.

1. Se dedica al fútbol. *Es futbolista / jugador/a de fútbol.*
2. Se dedica a montar en bicicleta.
3. Se dedica al baloncesto.
4. Se dedica a la natación.
5. Se dedica al patinaje.
6. Se dedica al tenis.
7. Se dedica al atletismo.
8. Se dedica al boxeo.
9. Se dedica al golf.
10. Se dedica al voleibol.
11. Se dedica a esquiar.

**3.** Escucha esta entrevista al ciclista Juan Antonio Hermida y completa el cuestionario. 12 🔘

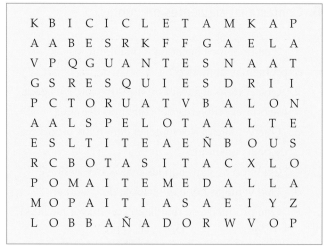

1. Edad a la que tuvo su primera bici: ...............
2. Lo que hace para relajarse: ...............
3. Un defecto: ...............
4. Un sueño: ...............
5. Tres adjetivos sobre su carácter: ...............
6. Su victoria más importante: ...............
7. N.º de bicicletas que tiene: ...............

# B. ¿Salimos?

**1.** Escucha a Isabel y a Jesús hablando sobre la programación de televisión y contesta las siguientes preguntas. 13 🔘

1. ¿Hay algún concurso esta noche?
   _____

2. ¿A qué hora se puede ver un documental?
   _____

3. ¿Por qué no van a poder ver la serie de los abogados?
   _____

4. ¿En qué canal le gusta a Jesús ver las noticias?
   _____

5. ¿Hay alguna película divertida esta noche?
   _____

6. ¿Cuándo es el partido de fútbol?
   _____

## 2. Completa el diálogo.

A. *¿Qué quieres hacer esta tarde?*
B. Podemos dar una vuelta.
A. ¿_____?
B. No sé, a mí no me apetece mucho…
A. ¿_____?
B. ¡Ah, vale, me parece una buena idea!
A. ¿_____?
B. Si quieres quedamos en la puerta de mi casa.
A. ¿_____?
B. ¿Te parece bien a las _____?
A. _____.
B. Vale, hasta luego, entonces.

## 3. Ahora escribe un diálogo parecido teniendo en cuenta que...

- Tú quieres ver una película.
- A tu amigo no le gusta mucho el cine.
- Tú quieres quedar a las 19.00.
- Tu amigo no puede llegar antes de las 19.30.
- Os gustaría tomar algo antes o después del espectáculo.

_____
_____
_____
_____
_____
_____
_____
_____

## 4. Transforma las siguientes preguntas de estilo directo a estilo indirecto, como en los ejemplos.

1. "¿Qué hora es?"
   *Quería saber qué hora era. / Dijo que qué hora era.*
2. "¿Por qué os vais tan pronto?"
   _____
3. "¿Dónde habéis quedado?"
   _____
4. "¿Cuándo tendrás el dinero?"
   _____
5. "¿En qué año naciste?"
   _____
6. "¿Qué vas a hacer esta noche?"
   _____
7. "¿Quién era ese hombre?"
   _____

## 5. Transforma las siguientes preguntas de estilo directo a estilo indirecto, como en los ejemplos.

1. "¿Te interesa la pintura?"
   *Preguntó si / Quería saber si me interesaba la pintura.*
2. "¿Habéis visto el último ballet de la Compañía Nacional de Danza?"
   _____
3. "¿Ponen algo interesante en la tele?"
   _____
4. "¿Vas tú a sacar las entradas para el concierto, o las saco yo?"
   _____
5. "¿Cenaste en el restaurante que te recomendé?"
   _____
6. "¿Volverás tarde a casa?"
   _____
7. "¿Preferirías quedar más pronto?"
   _____

## 6. Transforma en estilo indirecto.

1. "¿Dónde pasaréis las vacaciones?"
   _____
2. "¿Te apetece un bocadillo de calamares?"
   _____

3. "¿Visteis el partido del domingo?"

_____

4. "¿A qué hora tienes la entrevista?"

_____

5. "¿Haces ejercicio a menudo?"

_____

6. "¿Enviaste el paquete a tu suegra?"

_____

7. "¿Ya habías estado en Cuba?"

_____

**7.** Ayer hablaste con estas personas. Cuéntale a tu amigo Gonzalo lo que te dijeron.

VANESA: ¡Me alegro mucho de verte! ¿Tienes algo que hacer el domingo por la tarde? Es que Luis y yo vamos a hacer una fiesta para celebrar que nos hemos cambiado de casa.

_Ayer vi a Vanesa. Me dijo que se alegraba mucho de verme, y que si tenía algo que hacer el domingo por la tarde, que Luis y ella iban a hacer una fiesta para celebrar que se habían cambiado de casa._

ARTURO: Oye, me sobran dos entradas para el partido del domingo. ¿Os gustaría ir a ti y a Gonzalo?

_____
_____
_____

LAURA: He vuelto de Lima esta misma mañana. Es que ya tenía ganas de ver a mi familia y mis amigos de aquí.

_____
_____
_____

RAÚL: Mañana te llevaré a casa los libros que me prestaste. Gracias, ¿eh?, me han servido de mucho.

_____
_____
_____

Sra. JULIA: ¿Qué tal está Gonzalo? Hace muchísimo que no lo veo... ¿Sigue saliendo con Marta?

_____
_____
_____

Sr. GARRIDO: La semana pasada hablé con Gonzalo y me contó que habías cambiado de trabajo porque no estabas muy contento con tu sueldo.

_____
_____
_____

**8.** Reconstruye lo que dijeron estas personas.

1. Dani me dijo que el martes había ido/fue al estreno de la última película de Amenábar, y me preguntó si yo ya la había visto.
   _"El martes fui al estreno de la última película de Amenábar. ¿Tú ya la has visto?"._

2. Me contó que su abuelo había muerto cuando ella era muy pequeña.
   _____

3. El otro día vi a Carlos y a Ágata. Me contaron que sus vecinos iban a mudarse.
   _____

4. Me dijo que no me había llamado estos días porque había estado muy ocupado.
   _____

5. Ayer hablé con Pedro, y me dijo que esta mañana vendría a recogerme en coche.
   _____

6. Pues Federico me dijo que se había apuntado a un curso de tai-chi y que estaba encantado.
   _____

8

7. Me dijo que Juan saldría con su novia el viernes.

_____

8. Me prometiste que ibas a poner mi fotografía en tu habitación.

_____

9. El director me aseguró que estudiaría mi propuesta.

_____

## C. Música, arte y literatura

**1.** Relaciona cada acción con la palabra o palabras adecuadas. Utiliza tu diccionario si es necesario.

> una película – una obra de teatro
> un musical – una ópera – un concierto
> cuadros – esculturas – fotografías
> una exposición – un museo

¿Qué se puede…

1. …rodar? *Una película.*
2. …dirigir? _____
3. …estrenar? _____
4. …exponer? _____
5. …inaugurar? _____

**2.** Completa las frases con estas expresiones.

> entradas – aplaudir – cola
> inaugurar – taquilla – colarse

1. Cuando el cantante terminó su actuación, el público se puso de pie y empezó a (1) *aplaudir* entusiasmado.
2. Prefiero sacar por Internet las (2)_____ para el cine, así no tengo que hacer (3)_____.
3. Cuando estábamos esperando para conseguir un autógrafo de Alejandro Sanz, una señora intentó (4)_____.
4. El alcalde va a (5)_____ el nuevo centro cultural esta misma semana.
5. No he podido ver la obra porque cuando he llegado la (6)_____ ya estaba cerrada.

**3.** Lee el texto sobre Ouka Lele y responde.

## Ouka Lele gana el Premio Nacional de Fotografía 2005

**MADRID.-** La fotógrafa Ouka Lele ha sido galardonada este martes con el Premio Nacional de Fotografía 2005, que concede el Ministerio de Cultura y está dotado con 30.000 euros. Su verdadero nombre es Bárbara Allende Gil de Biedma: "Ouka Lele surgió de un mapa de estrellas que se inventó un amigo mío. A cada estrella le había puesto un nombre y situación en el cielo. Una de esas estrellas se llamaba Ouka Leele; yo le quité una "e" para que fuera más simétrico y quedó Ouka Lele. Lo he usado durante años como nombre artístico, marca o pseudónimo, permitiéndome dividir mi intimidad y mi trabajo".

Esta artista, de formación autodidacta, empezó a hacer fotografías a la temprana edad de 18 años. En 1978 se trasladó a vivir a Barcelona, y fue allí donde empezó a pintar a mano sus fotografías en blanco y negro. En 1979 realizó su primera exposición individual en la galería Expectrum de Barcelona. 'Peluquerías', nombre de la muestra, le trajo el reconocimiento de la crítica. El éxito de Ouka Lele creció en los 80 y fue elegida como representante de lo que se llamó 'posmodernidad'. Ouka Lele ha expuesto su obra en numerosos países y forma parte de la colección permanente del Museo Reina Sofía de Madrid y de la Colección Arco, de la célebre feria de arte contemporáneo.

Ouka Lele es optimista acerca del mundo actual: "Pienso que estamos cambiando a mejor, cada vez hay más posibilidad de vivir la magia, el misterio. Aunque la prensa y el telediario nos quieran poner un programa siniestro y negativo". A través de su obra, quiere transmitir a las personas "belleza, disfrute, diversión, fuerza para ser más libres…".

En esta edición, la dotación económica del Premio Nacional de Fotografía se ha incrementado hasta los 30.000 euros, la misma cantidad que tienen los premios de Artes Plásticas, de Restauración y Conservación de Bienes Culturales, de las Letras Españolas, de Cinematografía, de Teatro, de Danza, de Música y de Circo.

Adaptado de www.larevistilla.com y de www.prensaquatro.es

1. ¿Quién la ha premiado? ¿En qué consiste el premio?

_____

2. ¿De dónde tomó Ouka Lele su nombre artístico? ¿Tiene alguna ventaja utilizarlo?

_____

3. ¿Cuándo empezó a fotografiar?

_____

4. ¿Quién le enseñó a realizar esas fotografías tan personales?_____

5. ¿Hace algo especial con sus fotografías? Explícalo.

_____

8

**9**

## A. Sucesos

**1.** Reconstruye los titulares con los verbos del recuadro.

> fue visitada – ha sido elegido – fue detenido
> ha sido condenado – han sido construidos
> serán publicados – ha sido inaugurado

1. Hoy *ha sido inaugurado* un nuevo tramo del metro.
2. Ayer _____ en Murcia el ladrón de coches más buscado.
3. La próxima semana _____ los resultados del sorteo de un coche.
4. En el barrio de Oliva _____ más aparcamientos públicos.
5. La exposición de pinturas de Goya _____ el pasado mes por más de cien mil personas.
6. El pirata informático _____ a dos años de prisión.
7. Federico Pérez _____ mejor empresario del año 2006.

**2.** Construye frases como la del modelo.

1. Mañana / inaugurar / el museo de la ciudad.
   *Mañana será inaugurado el museo de la ciudad.*
2. Hoy / capturar / el gorila que se escapó del zoo.
   _____
3. Esta casa / construir / en 1860.
   _____
4. Últimamente / despedir / muchos trabajadores en esta empresa.
   _____
5. En el futuro, el tráfico aéreo / controlar / por ordenadores.
   _____

6. Ayer / subastar / las gafas de John Lennon.
   _____
7. Todavía / no encontrar / las obras de arte robadas de la Fundación.
   _____
8. Este año, el traje de novia de muchas mujeres famosas / diseñar / Victorio & Lucchino.
   _____

**3.** Lee esta noticia y responde a las preguntas.

### Detenido un atracador que enviaba parte de su botín a sus amigos de la cárcel.

### Robó un banco durante un permiso carcelario

**FERNANDO BARROSO.** Barcelona.

Un viejo conocido de la policía, Francisco del Moral Espinosa, de 54 años, ha sido detenido por agentes de la UDEV por atracar, supuestamente, en enero un banco durante un permiso penitenciario. El delincuente repartía parte de lo robado entre reclusos amigos suyos.

Las aventuras del Robin Hood madrileño comenzaron en los años setenta. Ya en aquellas fechas comenzó a atracar todo tipo de establecimientos. Sus preferidos eran joyerías, agencias de viajes, peleterías, ópticas, concesionarios de automóviles y videoclubes. Siempre elegía barrios de las afueras de la capital con buenas comunicaciones para poder huir con rapidez y sin levantar sospechas. La forma de actuar era siempre idéntica. Primero iba al establecimiento que pretendía robar y vigilaba todas las medidas de seguridad. Días después, regresaba al local y pedía hablar con el máximo responsable (el director, en el caso de un banco) o comenzaba a pedir explicaciones sobre algún producto de la tienda. A continuación, sacaba una pistola y apuntaba a algún empleado o cliente. Después robaba el dinero y los artículos de valor.

Este mismo método fue el que siguió cuando el pasado 14 de enero atracó una sucursal del BBVA en Sabadell.

El delincuente, que ya había sido detenido varias veces, dijo en 1995 a los agentes de policía que, en cuanto cumpliera sus condenas y saliera de la cárcel, volvería a asaltar bancos, porque el dinero estaba mejor en manos de sus amigos presos que en las entidades bancarias. De momento, está cumpliendo su anuncio.

1. ¿Cuándo empezó Francisco a robar?

_____

2. ¿Cuáles eran sus establecimientos favoritos?

_____

3. ¿Por qué elegía barrios bien comunicados?

_____

4. ¿Iba armado?

_____

5. ¿Es esta la primera vez que lo detiene la policía?

_____

6. ¿Por qué le llaman Robin Hood? ¿Qué hacía con parte de lo que robaba? ¿Por qué?

_____

**4.** Busca en el texto palabras que signifiquen:

1. presos: *reclusos*
2. robar: _____
3. permiso carcelario: _____
4. el dinero y los objetos robados: _____
5. bancos: _____

**5.** Escucha las noticias y relaciona cada una con uno de estos titulares. 14

a. **Inaugurado en Barcelona el cuarto ordenador más potente del mundo.** Noticia n.° ⑤

b. **Cuatro ancianas atropelladas en Oviedo.** Noticia n.° ☐

c. **Sigue sin conocerse la identidad del ganador del Euromillón.** Noticia n.° ☐

d. **Un hombre es atacado por una tigresa del circo.** Noticia n.° ☐

e. **Descubren un plan para mejorar la memoria en dos semanas.** Noticia n.° ☐

## B. ¡Cásate conmigo!

**1.** Relaciona las dos partes para formar el mensaje en estilo indirecto.

1. El juez le prohibió… ⑨
2. Mi jefe me ha mandado… ☐
3. Su profesor le ha recomendado… ☐
4. Siempre me pide… ☐
5. Unos amigos nos aconsejaron… ☐
6. Mamá os dijo… ☐
7. El médico siempre te dice… ☐
8. Los de la agencia nos han aconsejado… ☐

a. …que le haga unas fotocopias.
b. …que ordenarais vuestra habitación.
c. …que no fuéramos a ese hotel.
d. …que te dé las gracias.
e. …que no tomes tanto café.
f. …que reservemos con bastante antelación.
g. …que se acercara a menos de 100 metros.
h. …que practique conversación con algún amigo de habla hispana.

**2.** Completa este cuadro.

| ESCUCHAR | escuche | escuchara / escuchase |
|---|---|---|
| VENIR | vengáis | |
| CORRER | | corriéramos / corriésemos |
| HACER | haga | |
| SER | sean | |
| IR | vayan | |
| QUERER | queramos | |
| MORIR | | murierais / murieseis |
| PODER | | pudieras / pudieses |
| SALIR | | saliera / saliese |

9

**3.** Pasa las siguientes frases a estilo indirecto.

1. "Consulten el catálogo".
   El vendedor nos recomendó *que consultáramos el catálogo.*

2. "Abrid el libro por la página 23".
   El profesor nos dijo _____
   _____

3. "Pruébese el vestido rojo".
   La dependienta le sugirió a mi amiga _____
   _____

4. "No vuelvas muy tarde".
   Mi madre siempre me pide _____
   _____

5. "Prueba mis pasteles".
   Mi tío me ha dicho _____
   _____

6. "Quédate un poco más".
   La abuela te ha pedido _____
   _____

7. "Siga todo recto por esta calle y luego gire a la izquierda".
   El policía me dijo _____
   _____

8. "Conduce con cuidado y no corras".
   Mi mujer siempre me dice _____
   _____

9. "No tengas miedo a equivocarte".
   Mi profesor siempre me dice _____
   _____

**4.** Completa el texto de las viñetas.

> Tómate estas pastillas. Come con poca sal, no fumes y evita las grasas. Bebe mucha agua, no hagas grandes esfuerzos y procura descansar.
>
> ¡Ah, y vuelve dentro de dos semanas!

Me ha dicho que (1)_____ con poca sal, que no (2)_____ y que (3)_____ las grasas. También que (4)_____ mucha agua, que no (5)_____ grandes esfuerzos y que (6)_____ descansar. Y me ha pedido que (7)_____ dentro de dos semanas.

A. ¿Qué tal ayer en el médico?
B. Bien, me dijo que (8)_____ con poca sal, que no (9)_____ y que
(10)_____ las grasas. Que
(11)_____ mucha agua, que no
(12)_____ grandes esfuerzos y que
(13)_____ descansar. Y que
(14)_____ dentro de dos semanas.

## C. Quiero que mi ciudad esté bonita

**1.** Completa las frases con el verbo en el tiempo adecuado.

1. Espero que Ángel *se cure* pronto. (curarse)
2. Deseamos que _____ muy felices. (ser, vosotros)
3. No quiero que _____ sola. (ir, tú)

9

4. A Carlos y a Charo les gustaría que tú _____ el padrino de su hijo en el bautizo. (ser)

5. Les encantaría _____ a tu boda, pero no van a poder. (ir)

6. Necesita que le_____ algo de dinero. (prestar, yo)

7. Me gustaría que alguien me _____ un ordenador portátil. (regalar)

8. Espero _____ más suerte el año que viene. (tener, yo)

9. Se ha abrigado bien porque no quiere _____ otra vez. (resfriarse, él)

10. Necesitáis que alguien _____ todo esto. (recoger).

**2.** En las frases siguientes hay errores, búscalos, márcalos y corrígelos.

1. Yo quiero que Jorge venir mañana a la oficina.
   *Yo quiero que Jorge venga mañana a la oficina.*

2. Óscar dijo que vayas mañana a su casa.
   _____

3. La excursionista desaparecida el lunes fue rescatado ayer.
   _____

4. Tomás pidió que escribes tus datos en esta hoja.
   _____

5. Los premios será entregado el próximo lunes.
   _____

6. Necesitas que tú conozcas gente.
   _____

7. Preguntaron que si de dónde eras.
   _____

8. Me dijo que haciera los deberes.
   _____

9. Esta iglesia ha sido construida en el siglo XIII.
   _____

**3.** Lee este anuncio publicitario de una cadena de hoteles.

## ¿QUÉ ESPERAS DE UN HOTEL?

- Que me den una sonrisa con el desayuno.
- Que entre el sol por la ventana pero que no me despierte.
- Que nada más llegar me den ganas de descalzarme.
- Que no haya contratiempos.
- Que me acuerde para siempre.

Ahora, escribe tú frases parecidas sobre lo que esperas…

- …de un restaurante.
- …de un amigo.
- …de una niñera para tus hijos.
- …de unas vacaciones.

**4.** Escucha y subraya las palabras que oigas. 15

1. poca / boca
2. polo / bolo
3. siembre / siempre
4. vago / pago
5. bar / par
6. tiemblo / tiempo
7. beca / peca
8. vaca / Paca

**5.** ¿Con 'b' o con 'v'?

1. __ER__O
2. __IGOTE
3. __ASURA
4. ESCRI__IR
5. HER__IR
6. IN__ISI__LE
7. __RA__O
8. __AR__A
9. A__IÓN
10. __ERTEDERO
11. SER__IR
12. ACA__AR
13. IM__ÉCIL
14. SA__ER

## A. De viaje

**1.** Lee el texto sobre los aeropuertos y elige la respuesta adecuada.

*Nueva Terminal del aeropuerto de Bajaras*

# EL VIAJE EMPIEZA EN TIERRA

Para ser un lugar donde tantas personas pasan tanto tiempo juntas, los aeropuertos pueden ser sitios bastante aburridos. Miles de horas acumuladas haciendo cola, esperando el equipaje o, simplemente, desorientados por la falta de información sobre el vuelo pueden hacernos perder la paciencia. Por eso, algunos aeropuertos ofrecen sorprendentes opciones de ocio para hacer más amena la espera. Masajes, saunas y hasta monólogos intentan hacer más llevadera la estancia.

Cada aeropuerto exprime al máximo sus recursos con el fin de ofrecer el menú de ocio más original. La nueva Terminal de Barajas (Madrid), por ejemplo, contará con un spa de pago que servirá de centro de relajación para los pasajeros del aeropuerto. A esto se suman los más de 100 establecimientos comerciales actuales, treinta restaurantes diferentes, dos centros de masajes, siete salas vip y la tecnología para conectarse desde el ordenador a Internet a alta velocidad.

Los dos aeropuertos españoles más transitados, Barajas y El Prat (Barcelona), son también los que más iniciativas realizan para intentar llenar los ratos de ocio. Ambos han acogido, por ejemplo, espectáculos de mimo, monólogos en directo o incluso un festival de cortometrajes en aeropuertos.

El atractivo comercial de un aeropuerto también hace la espera más agradable. Para Escarlata Loncán, las tiendas son decisivas: "No paro de volar durante todo el año. Por eso aprovecho para hacer cosas personales. Muchas veces incluso compro los regalos de Navidad en el aeropuerto. En Singapur, por ejemplo, la oferta es infinita, hay más de mil tiendas". Y es que Singapur es uno de los aeropuertos más espectaculares del mundo: gimnasios, salas de relajación y de cine, jardines y

unas excelentes instalaciones, además de un servicio exquisito, lo convierten prácticamente en un parque temático.

Algo parecido, aunque en menor escala, sucede en otros aeropuertos: el de Frankfurt (Alemania), uno de los principales centros de escalas europeos, cuenta, entre otros servicios, con la posibilidad de contratar habitaciones por horas y cuartos de baño o duchas.

La oferta de muchos recintos se multiplica en Navidad: los pasillos del aeropuerto de Copenhague (Dinamarca), vestidos de gala, se llenan de puestecillos en forma de mercado. La banda sonora está a cargo de un pianista que interpreta en directo canciones típicas.

*Actualidad Económica*

1. Según el texto, los aeropuertos ofrecen opciones de ocio para:
   - a. Conseguir un dinero extra. ☐
   - b. Que la gente no se aburra mientras espera. ☑
   - c. Los pasajeros se conozcan entre sí. ☐

2. La nueva Terminal de Barajas ofrecerá un nuevo servicio:
   - a. La tecnología necesaria para conectarse a Internet. ☐
   - b. 30 restaurantes más. ☐
   - c. Un centro de relajación. ☐

3. ¿Cómo aprovecha el tiempo en los aeropuertos Escarlata Loncán?
   - a. Haciendo compras. ☐
   - b. Estableciendo relaciones personales. ☐
   - c. Resolviendo problemas del trabajo. ☐

4. ¿En qué tres aeropuertos se puede ver cine según el texto?
   - a. Sólo en el de Singapur. ☐
   - b. Copenhague, Singapur y Frankfurt. ☐
   - c. Barajas, el Prat y Singapur. ☐

5. ¿En qué aeropuerto puedes hacer deporte?
   - a. En el del Prat. ☐
   - b. En el de Singapur. ☐
   - c. En el de Frankfurt. ☐

6. ¿Y ducharte?
   - a. En ningún aeropuerto. ☐
   - b. En el de Copenhague. ☐
   - c. En el de Frankfurt. ☐

7. ¿En qué época del año podemos visitar los puestos del aeropuerto de Copenhague mientras escuchamos música en directo?
   - a. En invierno. ☐
   - b. Durante las fiestas navideñas. ☐
   - c. En Semana Santa. ☐

**2.** Intenta explicar estas situaciones haciendo conjeturas. Utiliza *a lo mejor, seguramente, probablemente* y *quizás*.

1. Llegas puntualmente a clase de español, pero no hay nadie.
   → Es fiesta y hoy no hay clase.
   *Seguramente es fiesta y hoy no hay clase.*

→ Quieren gastarme una broma.
_____

→ Hoy dan la clase en otra aula.
_____

2. Necesitas usar tu ordenador, pero no puedes encenderlo.
   → Tiene una avería. _____
   → Está desenchufado. _____

3. Intentas hablar con tu hermana por el móvil, pero no se oye bien.
   → Tu móvil ya no funciona muy bien.
   _____
   → Alguien está haciendo mucho ruido donde está tu hermana.
   _____
   → No hay cobertura. _____

4. Has hecho una tarta, pero no está muy buena.
   → Le falta azúcar. _____
   → Tiene demasiada crema. _____

**3.** Construye correctamente las siguientes frases.

1. A lo mejor (no deber, tú) contárselo a Raquel todavía.
   *A lo mejor no debes contárselo a Raquel todavía.*

2. Seguramente hoy (visitar, ellos) los museos más importantes.
   _____

3. Quizás (trasladarse, yo) a otra ciudad el año que viene.
   _____

4. A lo mejor (comprarse, nosotros) un coche nuevo.
   _____

5. Seguramente (conseguir, nosotros) hablar con él antes del fin de semana.

_____

6. Probablemente (no encontrar, vosotros) habitaciones libres en ese hotel.

_____

7. A lo mejor (ser, ellas) extranjeras.

_____

8. Quizás (hacer) demasiado frío para ir al campo.

_____

9. Probablemente (salir, ella) esta noche.

_____

10. Quizás (estar, él) en casa.

_____

## B. Alojamientos

**1.** Completa los textos con las palabras del recuadro.

> casa rural – servicios – parque natural
> bodegas – zonas recreativas
> paisaje – hotel – oferta de ocio
> estrellas – castillo

La (1) *casa rural* Los Cerrillos es una amplia finca situada en Argamasilla de Alba (Ciudad Real), en el (2)_____ de las Lagunas de Ruidera. Sus más de 300 hectáreas se dedican fundamentalmente a la fabricación de vinos y quesos. Los clientes pueden visitar las diferentes estancias de la casa, como la quesería, las (3)_____, la capilla, los corrales... Situada junto al (4)_____ de Peñarroya, la espectacularidad del (5)_____ que la rodea la convierte en un lugar muy agradable para el viajero.

Situado en la capital de La Rioja-Alavesa, el (6)_____Villa de Laguardia es un cuatro (7)_____ lleno de encanto y armonía Sus habitaciones están equipadas con todos los (8)_____ propios de un hotel de calidad. Su (9)_____ abarca, entre muchas otras opciones, una amplia gama de actividades al aire libre y deporte. También cuenta con piscina y varias (10)_____ para los más pequeños.

**2.** Completa los diálogos.

1. (En la recepción de un hotel)
   A. ¿_____ ___ _____ de darnos algún folleto con las actividades culturales de la ciudad?
   B. _____ que __. Aquí tienen.
2. (Hablando con tu compañera de piso)
   A. Te _____ prestarme tu maleta? La mía es demasiado pequeña.
   B. ___ _____, pero la necesito yo.
3. (En un restaurante elegante)
   A. ¿_____ traernos otra botella de este vino?
   B. ____, ahora _____.

**3.** Completa las conversaciones. Luego, escucha y comprueba. 16 🔘

1. A. Servicio de habitaciones, ¿dígame?
   B. ¿_____?
   A. Por supuesto. ¿Qué desean cenar los señores?
   B. _____.
   A. ¿Y de bebida?
   B. _____.
   A. ¿Tomarán algún postre?
   B. _____.
   A. Gracias, señor. Enseguida les llevarán la cena.

2. A. Perdone, ¿podría abrir la ventanilla?
   B. _____.
   A. Gracias.

3. A. Divertours, ¿dígame?

B. ¿_____?

A. Lo siento, pero todas las plazas están cubiertas.

**4.** Aquí tienes algunos de los servicios que ofrece un hotel: completa con las letras que faltan para formar palabras.

1. __E__ __I__IO   __E   __A__I__A__IO__E__

2. __AU__A

3. __ __E__ __A   __ __A__UI__A

4. __I__ __A__IO

5. __I__I__A__

6. AI__E   A__O__ __I__IO__A__O

7. A__A__ __A__IE__ __O

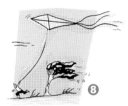

## C. Historias de viajes

**1.** Escucha el parte meteorológico y completa con las palabras que faltan. **17**

Hoy tendremos (1)_____ y (2)_____ en prácticamente todo el norte de la Península, mientras que en el centro se esperan cielos (3)_____ y (4)_____ moderado.
En el sur, se alternarán los ratos de (5)_____ y los ratos de (6)_____, con un ligero ascenso de las (7)_____ durante el día.

**2.** ¿Qué tiempo hace? Describe las ilustraciones escribiendo frases usando una expresión del recuadro.

> hace – hay – está – ha salido el...
> nevando – nublado – frío – sol
> buen tiempo – arco iris – niebla
> mucho viento – lloviendo

**3.** ¿Qué crees que le pasó a Federico en su último viaje? Intenta ordenar las viñetas para reconstruir la historia.

**4.** Ahora escucha y comprueba. **18**

## A. En el mercadillo

**1.** Completa los diálogos.

(EN UNA TIENDA)

QUIQUE:     Me llevo este reloj.

VENDEDORA: ¿Va a pagar en (1)_____ o con
            (2)_____?

QUIQUE:     Con (3)_____.

VENDEDORA: ¿Se lo (4)_____ para regalo?

QUIQUE:     Sí, por favor.

(EN UNA ZAPATERÍA)

SR. GARCÍA: Oiga, ¿estos zapatos los tienen en un
            38?

VENDEDOR:   No, lo siento, sólo nos queda este
            (5)_____, y es un 40.

(EN EL MERCADILLO)

CLARA:      ¿Cuánto cuesta este jersey?

VENDEDOR:   25 €.

CLARA:      ¿Me lo puedo (6)_____?

VENDEDOR:   Sí, sí.

CLARA:      Vaya, pues me queda un poco pequeño.
            ¿Lo tiene en una (7)_____ más?

VENDEDOR:   Espere, que se lo miro… Sí, mire, aquí lo
            tiene.

CLARA:      Este sí que me está bien… Pero es que
            no sé, es un poquito (8)_____. Si me lo
            (9)_____ en 20 euros…

VENDEDOR:   Venga, si se lo lleva le regalo este gorro a
            juego.

CLARA:      Bueno, vale.

**2.** Escribe frases siguiendo el modelo.

1. Cambiar / usted / a mí / este compact disc.
   *Cámbiemelo.*
2. Regalar / tú / a ellas / unos pendientes.
   _____
3. Planchar / tú / a él / dos camisas.
   _____
4. Envolver / usted / a mí / el libro.
   _____
5. Encargar / usted / a mí / otra blusa.
   _____
6. Pagar / vosotros / el regalo.
   _____
7. Comprar / tú / a ella / un par de guantes.
   _____
8. Vender / vosotras / a nosotros / esas películas.
   _____
9. Enseñar / usted / a nosotros / otro modelo.
   _____

**3.** Escribe frases siguiendo el modelo.

1. ¿Podría envolverme la caja de bombones para
   regalo?
   *¿Podría envolvérmela? / ¿Me la podría envolver?*
2. ¿Podría enseñar ese bolso a mi hija?
   _____
3. ¿Podría repararme este reloj?
   _____

4. ¿Podría cobrarme estos pantalones?

_____

5. ¿Podría traerme otra talla del almacén?

_____

6. ¿Podría encargarme unas tartas para el jueves?

_____

**4.** Tu salón está lleno de todo tipo de objetos. Tienes que poner un poco de orden. ¿Qué vas a hacer con todas estas cosas? Puedes utilizar estos verbos: *regalar, dar, prestar, devolver, vender, guardar, poner, ponerse, colocar, reciclar, meter, alquilar, tirar, colgar.*

1. Una pipa. *Se la voy a regalar a mi abuelo.*
   *Voy a regalársela a mi abuelo.*
2. Unas latas de cerveza. *Voy a guardarlas en la nevera. Las voy a guardar en la nevera.*
3. Unos calcetines.

_____

4. Un jarrón.

_____

5. Un abrigo.

_____

6. Unos botes vacíos.

_____

7. Un mechero.

_____

8. Una bicicleta.

_____

9. Unos libros.

_____

10. Un DVD.

_____

11. Una corbata.

_____

12. Un par de pantalones.

_____

13. Una cafetera.

_____

14. Un cochecito de bebé.

_____

15. Unas entradas para el cine.

_____

16. Una sartén.

_____

17. Unas medias rotas.

_____

**5.** Responde a las preguntas utilizando pronombres.

1. ¿Me has traído los tomates?
   *Sí, te los he traído.*
2. ¿Has comprado la falda a tu prima?

_____

3. ¿Has tirado la basura?

_____

4. ¿Has preguntado eso a tus amigos?

_____

5. ¿Has llamado a María?

_____

6. ¿Nos has enviado las invitaciones?

_____

7. ¿Has felicitado al tío Lucas?

_____

8. ¿Me has preparado el desayuno?

_____

9. ¿Te has llevado los vestidos?

_____

10. ¿Has contado tus problemas a Daniela?

_____

11

**6.** Adivina de qué se habla.

1. Los hay de tacón o planos, pero siempre te los pones en los pies. *Zapatos.*
2. Mi mujer se los pone en las orejas para estar más guapa. _____
3. Mi marido se la pone alrededor del cuello para ir bien vestido a la oficina. _____
4. Nos los ponemos en las piernas. Pueden ser largos o cortos. _____
5. Mi hermana se puso uno elegantísimo, largo, negro y de tirantes, el día de mi boda.

   _____
6. Me la pongo cuando hace frío, para abrigarme la garganta. _____
7. Lo usamos para hacer deporte o para estar cómodos. _____

## B. ¡Me encanta ir de compras!

**1.** Completa el texto con las palabras del recuadro (sobran tres).

> súper – lista – ticket – cajera – precios
> cola – bolsa – factura – dinero – ofertas
> cajas – carro

## PAUTAS para convertirte en el perfecto comprador

1. Haz una *lista* con lo que necesitas. Es un hecho: el 70% de la compra que hacemos no está planificada.
2. Nunca vayas al _____ con hambre, puede ser tu perdición, y es probable que te apetezca todo y haga falta mucha fuerza de voluntad para frenar la tentación.
3. Atento a las _____. Si te tomas unos minutos para comparar las marcas y los _____, verás cómo tu _____ es menor de lo que tú pensabas.
4. Conserva siempre el _____ de compra, ya que es imprescindible para cualquier devolución.
5. Evita las horas de aglomeración. El agobio puede hacerte echar productos al _____ que no sean los más adecuados.

6. Si estás esperando en la _____ para pagar, mantén las manos en el carro y no caigas en la trampa de adquirir alguna de las pequeñas tentaciones que se amontonan alrededor de las _____.

**2.** Completa con *poco, un poco,* o *un poco de.*

1. Me gusta la falda, pero me parece *un poco* cara.
2. Date prisa, tenemos _____ tiempo.
3. Ese bolso es bonito, pero es _____ práctico.
4. Echa _____ sal a la sopa, está demasiado sosa.
5. Esta camisa te está _____ grande. Necesitas una talla menos.
6. ¿Me das _____ harina?
7. Marta es _____ envidiosa: creo que tiene celos de mí.
8. Julián es inteligente, pero _____ trabajador.
9. Últimamente duermo _____, por eso estoy tan cansado.

**3.** Completa con *poco/a/os/as, mucho/a/os/as, bastante/s.*

1. Es un chico muy preparado, habla *muchos* idiomas.
2. Hay muy _____ mujeres que se dediquen a torear.
3. He hecho _____ fotos, pero todavía tengo que hacer más.
4. No tengo _____ manzanas, pero creo que son _____ para hacer el pastel.
5. Queda _____ aceite, esta tarde tengo que comprar más.
6. Hoy han venido _____ alumnos a clase: sólo estaban Carlos, Victoria, Ramón, Gonzalo y Luisa.
7. Mi hijo ha sacado muy buenas notas porque ha estudiado _____.

**4.** Completa con *bastante/s* o *demasiado/a/os/as.*

1. No pongas esa película, es *demasiado* violenta para los niños.
2. Ese cuadro no queda bien ahí, es _____ grande para un sitio tan pequeño.
3. Ha ganado _____ dinero últimamente, por eso está tan contento.

4. No me encuentro bien, creo que he comido _____ cerezas.

5. Hugo sigue en el hospital, pero ya está _____ mejor.

6. Aunque es muy joven, este violinista ha dado _____ conciertos.

7. Le ha dado un infarto porque estaba sometido a _____ presión en su trabajo.

8. No es bueno dar a los niños _____ dulces.

**5.** Escucha esta entrevista sobre las compras por Internet y responde a las preguntas. **19** 🔘

1. Nombra tres de los productos que más compra la gente en Internet.
_____

2. ¿Qué porcentaje de españoles ha comprado alguna vez por Internet?
_____

3. Nombra dos ventajas de comprar en Internet.
_____

4. ¿Por qué a mucha gente no le gusta comprar de esta manera?
_____

## C. Un hombre emprendedor

**1.** ¿Con artículo o sin artículo? Subraya la frase correcta.

1. a. _Tengo insomnio._  b. Tengo un insomnio.
2. a. Mi hermana es una dentista.
   b. Mi hermana es dentista.
3. a. Mi vecina juega muy bien fútbol.
   b. Mi vecina juega muy bien al fútbol
4. a. Vinieron sólo dos chicos: Nacho y Gabriel.
   b. Vinieron sólo unos dos chicos: Nacho y Gabriel.
5. a. Tomás no ha venido: está fatal por el dolor de unas muelas.
   b. Tomás no ha venido: está fatal por el dolor de muelas.
6. a. ¿Tocas el piano?  b. ¿Tocas piano?
7. a. ¿Cuál de ellos es el Carlos?
   b. ¿Cuál de ellos es Carlos?
8. a. El de la camiseta a rayas.
   b. De la camiseta a rayas.
9. a. Bueno de ser profesor es que aprendes mucho de tus alumnos.
   b. Lo bueno de ser profesor es que aprendes mucho de tus alumnos.

**2.** Selecciona el artículo correcto. ("ø" es ausencia de artículo).

1. Me gusta (_el_ / un / ø) tango.
2. He conocido a (la / una / ø) chica muy especial.
3. Hay (el / un / ø) hombre sospechoso en la esquina.
4. Luis es (el / un / ø) más simpático de todos.
5. ¿Vas a ir a (la / una / ø) fiesta de esta noche?
6. Odio (los / unos / ø) macarrones.
7. (Lo / un / ø) mejor será esperar a Verónica.
8. Hemos encontrado (un / el / ø) piso precioso, muy cerca del centro.
9. ¿Cuánta (la / una / ø) harina echo?
10. Más o menos, (los / unos / ø) 100 gramos.
11. Nos encantan (los / unos / ø) juegos de mesa.

**3.** En la primera parte de este texto faltan algunos artículos. Escríbelos tú y disfruta de este cuento.

Había (1) _una_ vez (2)____ dama de Bagdad a la que le gustaban muchísimo (3)____ joyas. (4)____ día le compró a (5)____ comerciante (6)____ preciosa esmeralda. Pero más tarde descubrió que (7)____ esmeralda era falsa. (8)____ dama fue a ver a Chelay, que gobernaba (9)____ ciudad y era famoso por su sabiduría, y pidió la muerte de (10)____ comerciante que le había vendido (11)____ piedra preciosa.

Entonces, Chelay condenó a (12)____ comerciante a ser comido por los leones en un foso.

(13)____ día del castigo, (14)____ dama, desde un mirador, contemplaba al pobre hombre, tembloroso y envejecido por la angustia.

Pero la sonrisa de la dama se convirtió en un grito de ira: el sótano se había abierto y, en vez de leones, habían salido dos gatos ridículos. Avanzaban tranquilamente, olfateaban con indiferencia al pobre comerciante, que se había desmayado y, al final, saltaron ágilmente fuera del foso.

La dama, furiosa, pidió explicaciones a _Chelay_.

–¿De qué te quejas –le dijo él–. La ley manda exigir ojo por ojo, diente por diente. El comerciante te engañó; nosotros hemos engañado al comerciante. Su diamante era falso, nuestros leones también: estamos en paz.

_Marius Torres_

**11**

**12**

## A. 7 de julio, San Fermín

**1.** Completa las frases con el pronombre *se* + verbo en tercera persona del singular o del plural de los verbos del recuadro.

> hablar (x 2) – vivir – dormir
> permitir – desayunar – leer – cenar
> viajar – fabricar

1. En España *se duerme* la siesta en verano.
2. En la actualidad _____ pocas ruedas de madera.
3. En los bares _____ muy alto.
4. En Nochebuena _____ cordero asado.
5. Carlos, con la boca llena no _____.
6. Yo creo que en verano _____ más que en invierno.
7. En muchos países no _____ fumar en los restaurantes.
8. En muchos hogares españoles _____ churros los domingos por la mañana.
9. Las últimas encuestas indican que no _____ mucha poesía.
10. En el campo _____ con mayor tranquilidad que en la ciudad.

**2.** Transforma las siguientes afirmaciones en frases impersonales con *se*.

1. En algunos colegios los alumnos estudian latín.
   *En algunos colegios se estudia latín.*
2. Los conductores en Inglaterra conducen por la izquierda.
   _____

3. Los trabajadores en España trabajan 40 horas a la semana.
   _____

4. Las pastelerías venden buñuelos el Día de los Santos.
   _____

5. Los niños no van al colegio durante las fiestas de Navidad.
   _____

6. En mi familia los domingos comemos paella.
   _____

7. En esta tienda, los dependientes hablan español.
   _____

8. Los diputados aprobarán la ley el próximo martes.
   _____

9. Los agricultores recogen la uva en el mes de septiembre.
   _____

10. Las autoridades municipales construirán un nuevo colegio en mi barrio.
    _____

**3.** Lee el texto sobre la Feria de Abril de Sevilla y contesta las preguntas.

### LA FERIA DE ABRIL

En primavera, cuando toda Sevilla huele a azahar, llega la Feria de Abril, una fiesta conocida mundialmente. Esta fiesta tiene su origen en una "feria de ganado" que ha pasado a ser un espectáculo de folclore y alegría extraordinario.

El escenario lo constituyen numerosas casetas de lona adornadas con flores, banderines y farolillos de papel. Suelen disponer de un tablao o zona de baile junto a un bar o zona de encuentro.

**48** cuarenta y ocho

La fiesta dura seis días. Comienza el lunes por la noche, cuando los sevillanos se reúnen en sus casetas para cenar el tradicional "pescaíto frito". A las 11 de la noche tiene lugar "la iluminación", cuando los grandes arcos de madera, llenos de bombillas de colores, y los farolillos de todas las calles se encienden inaugurando oficialmente la fiesta.

A diario, los sevillanos, a media mañana, salen a disfrutar del vistoso Paseo de Caballos, donde jinetes o amazonas con sus bellos trajes típicos lucen sus caballos, o donde los más bonitos coches de caballos recorren el lugar.

Casi todas las sevillanas, con independencia de su edad, lucen los tradicionales trajes de flamenca. Se pasan el día bailando y cantando flamenco, comiendo y bebiendo diferentes vinos.

Por la tarde, a las 5, se celebran las corridas de toros más importantes del año. Después de una pausa, la gente vuelve al atardecer, para una larga noche de cante y baile.

Todo ello termina con el desayuno del tradicional chocolate con churros antes de volver a casa.

La feria termina el domingo a las 11 de la noche con los fuegos artificiales que marcan el final de la feria por este año.

1. ☐ **a.** La Feria de Abril se celebra desde hace mucho tiempo.
   **b.** Antes era una feria de animales que se ha transformado en una fiesta.
   **c.** La Feria de Abril se celebra en Semana Santa.

2. ☐ **a.** La Feria empieza en fin de semana.
   **b.** La Feria empieza con un baile a las once de la noche.
   **c.** La fiesta empieza oficialmente cuando se ilumina el lugar de celebración.

3. ☐ **a.** Durante la Feria, los sevillanos bailan, cantan, comen y pasean a caballo.
   **b.** Sólo las mujeres jóvenes se visten con trajes especiales.
   **c.** Por la noche hay toros.

4. ☐ **a.** La Feria termina al amanecer con un desayuno de chocolate y churros.
   **b.** Los fuegos artificiales indican el fin de la feria.
   **c.** Después de los fuegos artificiales sigue el cante y el baile hasta el amanecer.

## B. ¿Quieres venir a mi casa en Navidad?

**1.** Lee y ordena la siguiente conversación telefónica.

A: ¡Hola! Soy Ángela. ¿Qué tal andas? ☐

I: No, no te preocupes. Ya llevo yo el pan. Estaré en tu casa a las ocho. ☐

A: ¿Isabel? ☐ 1

I: Por supuesto, no tengo nada que hacer. ¿Quieres que prepare yo la cena? ☐

I: Muy bien. Y, vosotros, ¿cómo estáis? ☐

A: ¡Ah, vale! ¡Estupendo! ☐

A: Me he quedado sin pan, ¿te importaría comprar una barra? ☐

I: Sí, soy yo. ☐

A: Estupendamente. Mira, queríamos pedirte un favor. Nos han regalado unas entradas para el teatro. ¿Podrías quedarte unas horas con el niño? ☐

**2.** ¿Qué dirías en cada una de las siguientes situaciones?

1. Quieres pedir prestado el móvil a tu amiga para llamar a casa.

_____

2. Quieres comprar dos entradas de cine para la sesión de las siete.

_____

3. Le pides a tu compañero de viaje en autocar que baje el volumen de la música que va escuchando.

_____

4. Te ofreces para ayudar a una señora a bajar el carrito de su bebé por unas escaleras.

_____

5. Pídele a alguien que te ayude a llevar una caja muy pesada.

_____

**3.** A continuación vas a escuchar un programa de radio en el que hablan de cómo se celebra la Navidad en diferentes países. Escucha la grabación y completa las frases con la información. 20 ◉

1. En España, las calles _se iluminan_ con luces de colores.
2. En España, para celebrar la despedida del año _____ las doce uvas al son de las campanas.
3. En Bélgica, después de la comida de Navidad _____.
4. En Finlandia _____ banderitas de los distintos países en el árbol de Navidad.
5. En Italia, la última noche del año _____.

6. A las mujeres italianas _____ lencería de color rojo, como símbolo de buena suerte para el año nuevo.
7. En Irlanda, _____ a la entrada de la casa.
8. En Letonia _____ antes de recoger los regalos de Navidad.

## C. Gente

**1.** Transforma las siguientes frases como en el ejemplo.

1. Ella es una conductora cuidadosa.
   _Conduce cuidadosamente._
2. Es un trabajador muy rápido.
   _____
3. Es una bailarina muy expresiva.
   _____
4. Es un dibujante muy cuidadoso.
   _____
5. Son dependientas amables.
   _____
6. La película tiene un final trágico.
   _____

**2.** Elige la respuesta correcta.

1. Ana es una conductora muy _____.
   **a.** rápida     **b.** rapidez     **c.** rápidamente
2. La niña se comportó _____.
   **a.** educada     **b.** educación     **c.** educadamente
3. Juan toca la guitarra _____.
   **a.** bueno     **b.** bien     **c.** muy bueno
4. Tomás resolvió el problema _____.
   **a.** lógica     **b.** lógico     **c.** lógicamente
5. Ese restaurante es el _____.
   **a.** malo     **b.** peor     **c.** malamente
6. Él escribe _____. Comete muchos errores.
   **a.** malo     **b.** mal     **c.** peor
7. Los niños se han portado _____.
   **a.** estupendos     **b.** estupendo     **c.** estupendamente

8. Las soluciones eran _____.

    **a.** perfectas   **b.** perfectos   **c.** perfectamente

9. Ella esperó _____.

    **a.** paciencia   **b.** paciente   **c.** pacientemente

10. Tu trabajo es el _____.

    **a.** bueno    **b.** mejor    **c.** muy bueno

**3.** Escribe las preguntas sobre las palabras subrayadas.

    1. *¿Cómo conduce el amigo de Ángel?*

       El amigo de Ángel conduce <u>muy deprisa</u>.

    2. _____

       Voy a la piscina <u>con frecuencia</u>.

    3. _____

       Ramón vive <u>cerca</u>.

    4. _____

       Mis primos no tienen <u>ninguno</u>.

    5. _____

       Alfredo escribe <u>muy bien</u>.

    6. _____

       Elena <u>nunca</u> ha estado en España.

    7. _____

       Entró en casa <u>silenciosamente</u>.

    8. _____

       Alicia resuelve <u>mal</u> los problemas.

    9. _____

       <u>Nunca</u> compro periódicos deportivos.

    10. _____

       Estoy <u>muy bien</u>, gracias.

**4.** Busca y subraya los adverbios de modo en el siguiente texto.

Francamente, no espero que te creas esta historia sobre cómo se enamoraron profundamente una cobra y una boa constrictor, pero te lo voy a contar de todas las maneras. Se encontraron casualmente una tarde lluviosa cuando se protegían de una tormenta e inmediatamente se sintieron atraídas.

La cobra quedó gratamente impresionada por el cuerpo musculoso de la boa, y la boa aseguró que nunca había visto unas marcas tan bonitas como las de la

cabeza de la cobra. Naturalmente, se enamoraron enseguida e incluso empezaron a hablar seriamente de matrimonio. Pero había un problema que no podía ser resuelto fácilmente.

"Si me abrazas demasiado fuerte, podrías matarme", dijo la cobra.

"Y si tú me besas, podrías morderme y envenenarme", contestó la boa.

De todas maneras, prometieron comportase cuidadosamente. Sin embargo, la primera vez que se reunieron bajo la luna y se abrazaron apasionadamente, la boa apretó demasiado fuerte y la cobra mordió el labio de la boa.

Murieron antes de que ninguna pudiera decir una sola palabra: *Amar es no tener tiempo para decir "lo siento"*.

**5.** Relaciona los adverbios del ejercicio anterior con las siguientes definiciones.

    **a. por casualidad:** *casualmente.*

    **b. con pasión:** ........................................

    **c. con naturalidad:** ...................................

    **d. con sinceridad:** .....................................

    **e. con atención:** .......................................

    **f. sin dificultad:** .......................................

    **g. con profundidad:** ..................................

    **h. con agrado:** .........................................

    **i. con prontitud:** ......................................

    **j. con seriedad:** .......................................

**12**

**Lee el texto y señala la opción correcta.**

# SOY AMO DE CASA

**Cristina y Quique son médicos. Ella trabaja en una consulta y él lleva la casa.**

Hoy en día (1)_____ habitual que marido y mujer trabajen fuera de casa. Pero si sólo trabaja la mujer, el marido tiene (2)_____ hacer el trabajo de amo de casa. Cristina y Enrique son una (3)_____ un tanto atípica. Los dos son médicos, pero ella encontró un trabajo estable (4)_____ que él. Así que, cuando tuvieron una hija, decidieron que Enrique (5)_____ _____ quedaría en casa, mientras Cristina seguía trabajando.

La jornada de Quique empieza (6)_____ la niña se despierta, a las ocho. A esa hora le da el primer biberón (7)_____ juega un poco con ella. A las 10 lleva a Esperanza al parque y, a la vuelta del paseo, (8)_____ la compra. Entre las 12 y la una, la niña duerme un rato, y Enrique aprovecha esa hora para limpiar un poco o planchar. A la una, da la comida a la niña y (9)_____ acuesta otra vez. Entonces le queda tiempo para preparar la comida para (10)_____ y Cristina, que vuelve a las 4 de la tarde.

Las tardes son especialmente felices en la casa de Enrique y Cristina porque (11)_____ juntos los tres. Les encanta salir de paseo con la niña. Al volver del paseo de la tarde, mientras Cristina juega (12)_____ la niña, él prepara el baño. Cristina le da el último biberón y (13)_____ acuesta. Por su parte, Enrique (14)_____ la cena para los dos. Después de acostar a la niña, a las nueve de la noche, tienen tiempo (15)_____ cenar y hablar de sus cosas.

**1.** ☑ d
a. está
b. tiene
c. hay
d. es

**2.** ☐
a. de
b. que
c. a
d. Ø

**3.** ☐
a. matrimonio
b. doble
c. familia
d. pareja

**4.** ☐
a. mientras
b. después
c. antes
d. entre

**5.** ☐
a. le
b. se
c. me
d. les

**6.** ☐
a. al
b. mientras
c. cuando
d. desde

**7.** ☐
a. y
b. pero
c. o
d. para

**8.** ☐
a. hace
b. da
c. compra
d. prepara

**9.** ☐
a. le
b. se
c. la
d. lo

**10.** ☐
a. sí
b. le
c. él
d. ella

**11.** ☐
a. están
b. son
c. hacen
d. aparecen

**12.** ☐
a. para
b. de
c. con
d. a

**13.** ☐
a. la
b. le
c. se
d. las

**14.** ☐
a. prepara
b. da
c. espera
d. quiere

**15.** ☐
a. de
b. a
c. desde
d. en

**Lee el texto y elige la opción adecuada.**

# LAVAPIÉS, el pueblo fusión de Madrid

### Cincuenta nacionalidades distintas dan vida al barrio.

En el centro de Madrid (1)_____ un pueblo. Un pueblo de pocas calles, con edificios de menos de cuatro (2)_____ y donde aún podemos ver a los niños jugando con el balón en la calle. No suele haber mucho (3)_____ en Lavapiés.

Lavapiés es una mezcla de muchas cosas. La primera cosa es la variedad idiomática. Aquí (4)_____ castellano, chino, árabe, suahili… Según el último censo, en el barrio conviven personas de más de 50 nacionalidades.

La segunda cosa es que Lavapiés (5)_____ en el corazón de Madrid: (6)_____ pocos minutos de la Puerta del Sol, a 10 minutos (7)_____ del Museo Reina Sofía, a cinco del Rastro, y está bien comunicado, (8)_____ los metros de Latina, Tirso de Molina, Antón Martín y Lavapiés.

La tercera es la más complicada. Lavapiés está (9)_____ un paso de la modernidad extrema y a otro de quedarse antigua. El barrio está (10)_____ moda. Desde hace pocos años, los locales están cada vez más frecuentados, (11)_____ han establecido artistas independientes y se vive un ambiente "bohemio" muy atractivo. (12)_____

Lavapiés también preocupa, (13)_____ la rehabilitación de las casas, el precio de las viviendas se ha triplicado y, a veces, (14)_____ conflictos entre las diferentes culturas que conviven allí.

A pesar de todo, es un barrio irresistible (15)_____ los que les gusta ese ambiente.

**1.** ☑ c
a. es
b. está
c. hay
d. han

**2.** ☐
a. pisos
b. casas
c. viviendas
d. plantas

**3.** ☐
a. ruido
b. tráfico
c. niño
d. árbol

**4.** ☐
a. hay
b. se habla
c. es hablado
d. existe

**5.** ☐
a. es situado
b. es
c. están
d. está

**6.** ☐
a. en
b. a
c. cerca
d. desde

**7.** ☐
a. cerca
b. en
c. andando
d. desde

**8.** ☐
a. entre
b. por
c. para
d. a

**9.** ☐
a. a
b. en
c. de
d. por

**10.** ☐
a. de
b. a la
c. por
d. en

**11.** ☐
a. lo
b. le
c. se
d. les

**12.** ☐
a. Y
b. Así
c. Por eso
d. Pero

**13.** ☐
a. porque
b. debido a
c. como
d. por eso

**14.** ☐
a. hay
b. existe
c. están
d. es

**15.** ☐
a. con
b. ante
c. por
d. para

2

# Uno más en la familia

Numerosos estudios médicos han demostrado que tener una mascota mejora la calidad de vida. La presencia de un animal en nuestra vida cotidiana tiene muchos efectos positivos: (1)_____ es un buen remedio contra la (2)_____ de las personas (3)_____, por ejemplo, (4)_____ a un perro reduce la presión arterial y la frecuencia cardíaca, por lo tanto, disminuye el estrés. Todos hemos experimentado algo tan sencillo como que observar los peces de un acuario también ayuda a relajarnos. Y pasear con un perro contribuye a prevenir las enfermedades cardiovasculares, la diabetes y la osteoporosis. (5)_____, un animal favorece los (6)_____: es fácil que empecemos una (7)_____ con otra persona que a su vez va con su mascota.

Los niños que tienen animales aprenden con más facilidad a tener mayor autonomía, a relacionarse, a compartir, y a pensar en los demás, de modo que tienden a ser más independientes, más (8)_____ y menos (9)_____. En un estudio alemán, el 90% de los (10)_____ opinaron que sus mascotas tenían un papel importante en la (11)_____ de sus hijos pequeños y mejoraban la calidad de vida de los niños. Incluso se han comprobado los beneficios del contacto con mascotas en niños con depresión grave.

Un experimento realizado entre (12)_____ de 13 a 15 años que residían en grandes ciudades encontró que los que vivían con animales estaban más satisfechos con la vida, tenían un mejor (13)_____ social y mantenían una (14)_____ con los adultos.

En el caso de las personas mayores, otros estudios determinan que aquellas que poseen un animal de compañía, tienen menos gastos relacionados con la salud. Y se ha comprobado que los (15)_____ que viven en un hogar para jubilados y que poseen una mascota se enfrentan mejor que los demás al envejecimiento.

Adaptado de *Muy interesante*, 09-2005

## Elige la opción correcta.

**1.** ⬚
a. sólo
b. no sólo
c. no
d. ni

**2.** ☐
a. vida
b. soledad
c. enfermedad
d. aburrimiento

**3.** ☐
a. si no
b. sino
c. sino que
d. pero

**4.** ☐
a. comprar
b. cantar
c. acariciar
d. querer

**5.** ☐
a. Sin embargo
b. Además
c. Pero
d. Y

**6.** ☐
a. idiomas
b. negocios
c. intercambios sociales
d. novios

**7.** ☐
a. conversación
b. pelea
c. discusión
d. cita

**8.** ☐
a. tímidos
b. sociales
c. conservadores
d. ambiciosos

**9.** ☐
a. creativos
b. tolerantes
c. competitivos
d. egoístas

**10.** ☐
a. alumnos
b. abuelos
c. padres
d. profesores

**11.** ☐
a. relación
b. educación
c. alimentación
d. clase

**12.** ☐
a. adolescentes
b. gente
c. jóvenes
d. niños

**13.** ☐
a. relación
b. vida
c. comportamiento
d. nivel

**14.** ☐
a. amistad
b. relación positiva
c. conversación
d. relación personal

**15.** ☐
a. ancianos
b. estudiantes
c. extranjeros
d. enfermeros

**Lee el texto y responde.**

# NUESTROS ABUELOS VIAJAN AL PASADO
## a través de los juguetes de una exposición

Los nostálgicos tienen hasta el próximo 4 de octubre una cita en el centro comercial Gran Vía de Madrid, donde se ha instalado una exposición con 35 juguetes de locomoción de principios del siglo pasado.

Bajo el título "Aquellos locos juguetes de nuestros abuelos", esta muestra quiere acercar a los más jóvenes los juguetes que entretenían a sus abuelos.

Triciclos, bicicletas, caballitos de madera, avionetas, patinetes y camiones de bomberos son algunas de las joyas. El más antiguo es una avioneta que data del año 1920, y el más caro es un coche, de muy pequeño tamaño, en el que se podían meter dos niños.

La responsable de la exposición explicó que está teniendo mucho éxito y que "cada vez viene más gente a verla", sobre todo, personas mayores.

Algunos abuelos se han emocionado al recordar aquellos tiempos, pues algunas veces no tenían bastante dinero para comprar un juguete auténtico y entonces lo hacían en casa con madera o cartón y mucha imaginación.

Muchos niños de ayer que ahora son abuelos tuvieron, en efecto, que usar su imaginación para entretenerse. Es el caso de José Miguel: "no tuve la suerte de tener juguetes como los que se exponen en esta muestra, pues en casa éramos muy pobres y éstos eran todo un lujo en esos años. Lo que es una pena es que actualmente los niños no aprecian los juguetes como antes. Además, desde la época del ordenador, el juguete ha pasado a un segundo plano, ya no es tan importante".

*Adaptado de Noticias ya.com*

1. ¿Cuál es la pieza más cara de la exposición?

_____

2. ¿Entre qué tipo de público ha tenido más éxito la exposición?

_____

3. ¿Qué hacían los niños cuando no podían tener un juguete porque era demasiado caro?

_____

4. Busca en el texto 5 diferencias entre los juguetes de antes y los de ahora.

_____

**Lee las indicaciones de las medicinas y luego escribe cuál es la más adecuada para cada enfermedad o trastorno.**

## DOLORGEN

INDICACIONES

Alivio del dolor de intensidad moderada, como dolor dental, músculo-articular o menstrual, dolor de cabeza. Estados febriles y procesos respiratorios por enfriamiento.

POSOLOGÍA

Adultos: un sobre disuelto en un vaso de agua o zumo, 3 o 4 veces al día. Niños: un sobre disuelto en agua o zumo, 2 veces al día.

CONTRAINDICACIONES

Hipersensibilidad a alguno de los componentes del producto.

## DENTIDOL

INDICACIONES

Alivio local, temporal y sintomático de las molestias o dolores de muelas, dientes, encías y molestias de la mucosa oral hasta ser atendido por el médico especialista.

POSOLOGÍA

Aplicar el spray sobre la zona a tratar. Repetir la operación a las tres horas si el dolor persiste.

CONTRAINDICACIONES

Intolerancia a alguno de sus componentes.

## ANALGIUM 200

■ INDICACIONES

Tratamiento sintomático del dolor intenso en procesos febriles, dolor dental, dolor de cabeza, dolor de garganta y oídos, dolores musculares, dolor menstrual.

■ POSOLOGÍA

Un comprimido cada 4 horas hasta la desaparición de los síntomas. No masticar.

■ CONTRAINDICACIONES

Se desaconseja su utilización en niños y durante el embarazo y la lactancia.

## MUSCUTEL

INDICACIONES

Dolores musculares y articulares posturales, por traumatismo, tortícolis.

POSOLOGÍA

Aplicar el spray en la zona afectada dos veces al día.

CONTRAINDICACIONES

Hipersensibilidad a alguno de los componentes del medicamento. No aplicar sobre heridas abiertas.

1. Me duele mucho el cuello y no puedo girarlo. Creo que esta noche he dormido en mala postura.

_____

2. Me duele muchísimo la cabeza.

_____

3. Me duele una muela, pero estoy embarazada y no me atrevo a tomar ningún medicamento.

_____

4. Mamá, me he resfriado, me duele mucho la garganta y creo que tengo fiebre. No voy a poder ir a jugar con mis amigos.

_____

# FÉLIX, el amigo de los animales

Su pasión por la vida le hizo dejar en 1959 la profesión de odontólogo, cuando ya había acabado el doctorado y tenía trabajo en una clínica, para dedicarse a la loca idea de ser naturalista. Estamos hablando de Félix Rodríguez de la Fuente, que consagró su vida a la defensa de la naturaleza y que con su programa *El hombre y la Tierra* consiguió cambiar la mentalidad de los españoles ante el medio ambiente.

Cuando las familias españolas se sentaban ante el televisor y descubrían con la particular voz de Félix los secretos que escondía la naturaleza, se inició un hito histórico sin vuelta atrás. Toda la sociedad española, la rural y la urbana, aprendió que los zorros y lobos, las comadrejas, garduñas y martas, los reptiles, las aves rapaces, el temido oso y demás animales debían ser respetados y protegidos. Para una España en la que eran habituales las cacerías de lobos y otras prácticas dañinas para la naturaleza, el mensaje conservacionista

"estamos deteriorando la Tierra de una manera irracional" fue una verdadera revolución que dio paso a una nueva conciencia sobre cómo debe ser nuestro paso por el planeta. Esta fue realmente su gran hazaña: enseñar a los españoles a amar la naturaleza, mostrar en la pantalla del único canal de televisión que había en los años 70 que el cuidado del entorno era una necesidad para la convivencia armónica entre el hombre y la naturaleza.

"Queridos amigos del hombre y la Tierra". Así comenzaba Félix su programa. Luego, empezaba a hablar del lobo o de la nutria con una facilidad de palabra envidiable. Nunca llevaba nada escrito y, si se cortaba la grabación, comenzaba de otra forma, tal y como las palabras le venían a la boca.

Félix no se limitó a realizar este programa que le hizo tan popular, sino que grabó también en la radio, dirigió enciclopedias de fauna, redactó varios libros, escribió centenares de artículos y, lo más importante, se implicó siempre en cam-

pañas y actividades para la conservación del medio. Junto con otros, había fundado en 1954 la Sociedad Española de Ornitología, para el estudio y protección de las aves. Como gran experto en aves rapaces fue contratado en 1961 como asesor para el rodaje de *El Cid*, película ambientada en la Edad Media; Félix enseñó al actor Charlton Heston lo necesario para que pudiera rodar las escenas de caza con halcones. El accidente de avioneta que acabó con su vida y con la de parte de su equipo el 14 de marzo de 1980, en las tierras nevadas de Alaska, mientras hacía un reportaje sobre la Iditarod, la carrera más antigua e importante del mundo de trineos tirados por perros, no pudo impedir que su obra continuara. En tan solo quince años de trabajo provocó tal interés por la naturaleza que, tras su muerte, dejó muchos jóvenes dispuestos a seguir sus pasos.

Adaptado de *Muy interesante*, 09-2005

6

1. Cuando Félix Rodríguez de la Fuente decidió convertirse en naturalista… [b]
   a. estaba estudiando y trabajando.
   b. ya había terminado la carrera y trabajaba como dentista.
   c. estaba terminando los estudios mientras hacía las prácticas en una clínica.

2. *El hombre y la Tierra*… ☐
   a. se retransmitía en todos los canales de televisión.
   b. sólo se retransmitía en un canal porque no había más.
   c. era un programa de radio

3. Para hacer su programa… ☐
   a. Félix escribía primero un pequeño guión.

   b. un guionista le daba escrito a Félix lo que tenía que decir.
   c. Félix no usaba ningún guión.

4. Además de hacer su programa de televisión, Félix… ☐
   a. actuó con Charlton Heston en una película.
   b. dirigió una película sobre la caza con halcones en la que actuaba Charlton Heston.
   c. enseñó a los actores de una película a manejar los halcones.

5. Félix murió en un accidente de avioneta… ☐
   a. junto con algunos compañeros del programa.
   b. junto con todos sus compañeros del programa.
   c. mientras viajaba solo, únicamente llevaba con él su equipo.

**Lee el texto y elige la opción adecuada.**

## PEGADO A LA PANTALLA

### Una jornada en el puesto de trabajo frente al ordenador tiene una serie de riesgos para la salud.

Una silla, (1)_____, un teclado, un ratón, un monitor y una lámpara son los elementos (2)_____ la mayoría de los lectores citan como los componentes de su puesto de trabajo.

Con el paso de los años, los ordenadores se han convertido en la herramienta principal de trabajo en las oficinas y con ellos han aparecido también (3)_____ _____ riesgos para la salud, agravados por el trabajo sedentario y monótono.

### DOLENCIAS MÁS COMUNES

Los trastornos más habituales en trabajadores que desarrollan su trabajo (4)_____ una pantalla se dividen entre visuales (irritación en los (5)_____, visión borrosa, ojos rojos), posturales (dolores de espalda especialmente) y psíquicos (insomnio, irritabilidad).

Se trata, en muchos casos, de molestias que pueden (6)_____ tan sólo con adoptar una buena postura al sentarse o una mejor organización de las diferentes actividades.

La legislación dispone unas normativas (7)_____ se establecen las condiciones recomendables para el trabajo con pantallas. (8)_____ consejos se refieren a la posición de los elementos de trabajo. Así, la mesa debe ser (9)_____ suficiente grande para alcanzar todos los elementos (10)_____ forzar el cuerpo. La silla, por su parte, debe (11)_____ estable, con altura regulable y con reposapiés. La (12)_____ del ordenador debe dar una imagen estable, sin reflejos. (13)_____, es recomendable que los ojos del trabajador se encuentren (14)_____ una distancia similar entre la bandeja, la pantalla y el teclado. La distancia ideal serían (15)_____ 50 centímetros.

**1.** [a]
a. una mesa
b. un sofá
c. un papel
d. una carpeta

**2.** ☐
a. de
b. para
c. que
d. a

**3.** ☐
a. nuevos
b. buenos
c. bonitos
d. viejos

**4.** ☐
a. entre
b. frente a
c. delante a
d. en

**5.** ☐
a. párpados
b. ojos
c. cejas
d. oídos

**6.** ☐
a. cambiar
b. desaparecer
c. agravarse
d. venir

**7.** ☐
a. en las que
b. para que
c. que
d. donde que

**8.** ☐
a. Aquellos
b. Estos
c. Algunos
d. Mis

**9.** ☐
a. la
b. un
c. lo
d. una

**10.** ☐
a. sin
b. para
c. de
d. a

**11.** ☐
a. estar
b. ser
c. parecer
d. querer

**12.** ☐
a. cabeza
b. máquina
c. cinta
d. pantalla

**13.** ☐
a. Pero
b. Aunque
c. Además
d. Al final

**14.** ☐
a. a
b. en
c. por
d. delante

**15.** ☐
a. los
b. unos
c. de
d. cada

ENTREVISTA: BEBE, CANTANTE

# "La fama es para quien la quiera"

(1)_____ su primer concierto en un bar cuando tenía 14 años, ahora (2)_____ 26, pero ya (3)_____ reventar las listas de ventas gracias al single "Malo" de su primer disco, *Pafuera telarañas*. Pero ella no es, ni mucho menos, un producto de discográfica.

**M.H.** A pesar de tu éxito, parece que la fama es algo con lo que no logras vivir a gusto.

**BEBE.** Lo (4)_____ muy mal. Creo que la fama es para quien la quiera y a mí, en concreto, no me interesa en absoluto. Espero que el tiempo (5)_____ las cosas, porque si no (6)_____ hacerlo yo. Yo sólo quiero que la música me (7)_____ haciendo sentir. Ahora, por fin, (8)_____ escribir, porque hacía mucho que no (9)_____. Me había secado, no tenía ni tiempo ni ganas.

**M.H.** (10)_____ regresar de la Feria Popkomm, en Alemania, que es la segunda más importante del mundo. ¿Cómo te ha hecho sentir?

**BEBE.** Tenía muchas ganas de (11)_____ a Berlín; quería ver otras músicas y relacionarme con artistas distintos. Creo que ha sido un privilegio estar allí.

**M.H.** ¿Cómo ha sido la experiencia de ponerse ante un público que no puede entender la fuerza de tus letras?

**BEBE.** Buena, porque creo que en eso está la magia de la música. (12)_____, cuando (13)_____ pequeña, yo pensaba que los videoclips (14)_____ que estar subtitulados. Pero la primera vez que (15)_____ a Laurie Hill me emocionó muchísimo, y eso que no le entendí nada.

*Adaptado de Mujer Hoy, 15-10-2004*

## Elige la opción correcta.

**1.** ☑ c
a. Ha dado
b. Había dado
c. Dio
d. Da

**2.** ☐
a. es
b. tiene
c. tenía
d. era

**3.** ☐
a. consiguió
b. consigue
c. ha conseguido
d. había conseguido

**4.** ☐
a. estoy
b. estoy llevado
c. intento
d. estoy llevando

**5.** ☐
a. cambia
b. cambiará
c. cambiaría
d. cambie

**6.** ☐
a. tendré que
b. hay que
c. es importante
d. habré que

**7.** ☐
a. siguiera
b. seguirá
c. sigue
d. siga

**8.** ☐
a. he vuelto a
b. he dejado de
c. he puesto a
d. he empezado a

**9.** ☐
a. puedo
b. podía
c. pude
d. he podido

**10.** ☐
a. Terminas de
b. Acabas de
c. Dejas de
d. Vuelves a

**11.** ☐
a. estar
b. ser
c. ir
d. iba

**12.** ☐
a. Ve
b. Mira
c. Pues
d. Dale

**13.** ☐
a. fui
b. estuve
c. estaba
d. era

**14.** ☐
a. había
b. habían
c. tenían
d. tenía

**15.** ☐
a. oyí
b. oía
c. oí
d. oiga

**Lee el texto y señala la opción correcta.**

# El mayor atraco de Argentina
## acabó en lancha por la alcantarilla

Los ladrones cavaron un túnel desde el banco hasta un desagüe y se desplazaron por el agua en una balsa hinchable hasta la boca de una alcantarilla para salir a la calle.

Según las investigaciones sobre el mayor atraco de la historia de Argentina, es un hecho que los ladrones aprovecharon un túnel ya excavado a unos 15 metros del suelo que se había hecho en 2001 para reparar los cimientos del edificio.

Los ladrones se llevaron un botín de 600.000 pesos y también vaciaron 145 de las 408 cajas de seguridad. En total se llevaron unos 300 kg. Durante 6 horas retuvieron a 23 personas, entre clientes y empleados del banco con el fin de ganar tiempo y poder escapar sin riesgos.

**REHÉN SOSPECHOSO**

La policía está investigando a esas 23 personas porque parece que una de ellas pudo ser un cómplice de los atracadores, ya que un armario, que tapaba la entrada al túnel, fue colocado desde dentro de la oficina bancaria.

Otros datos sobre el robo indican que los atracadores conocían perfectamente la existencia del túnel y su ubicación en el subsuelo. De la investigación se deduce también que fueron cuatro las personas que entraron en el banco, y otras cuatro las que les ayudaron a huir.

Llama la atención el hecho de que los ladrones demostraron un buen conocimiento tanto del banco como de la actuación de la policía en el exterior. De ello se deduce que el robo pudiera estar liderado por alguien relacionado con la policía.

1. [a]  a. Los ladrones escaparon del banco en una barca.
   b. Los ladrones excavaron un túnel para reparar los cimientos.
   c. En 2001 hicieron un túnel de 15 metros.

2. ☐  a. Los ladrones se llevaron 408 cajas de seguridad.
   b. En total robaron 600.000 pesos y parte de las cajas de seguridad.
   c. El robo ascendió a 600.000 pesos.

3. ☐  a. Se cree que uno de los rehenes ayudó a los ladrones a escapar.
   b. Los rehenes son sospechosos de ayudar a los ladrones a escapar.
   c. La policía ha detenido a 23 personas porque pusieron un armario en la entrada al túnel.

4. ☐  a. Los ladrones no sabían dónde estaba el túnel, se lo indicó un empleado.
   b. Algunos rehenes informaron de la existencia del túnel construido anteriormente.
   c. Los autores del robo conocían bien el túnel.

5. ☐  a. Se sospecha que algún policía ha ayudado a los atracadores.
   b. Parece que el atraco fue cometido por cuatro personas.
   c. Los atracadores no sabían cómo actuar ante la policía.

**Lee la siguiente entrevista a una chica de 28 años, de profesión viajera.**

## EL PROTAGONISTA ERES TÚ
# ¿Cómo empezó tu aventura en España?

Realmente, como empiezan todos los viajes: soñando. (1)_____ ya tres años que tomé la decisión de venir (2)_____ Madrid, en un principio (3)_____ la intención (4)_____ aprender el idioma. Me sorprendió (5)_____ te acoge esta ciudad. No tardé (6)_____ encontrar un puesto (7)_____ azafata gracias a que domino el alemán y el inglés; después trabajé en una tienda de decoración. Se puede decir que aprendí español trabajando (8)_____.

¿Qué tiene Madrid que no tenga París?

Mi ciudad es maravillosa, ¡(9)_____ te voy a contar! Son diferentes. De este país me ha conquistado su manera de entender la vida y de vivirla. Valoráis a las personas y su experiencia de vida. A mí viajar (10)_____, y me he dado cuenta de que para vivir y ser feliz no necesito mucho.

¿Crees que nos (11)_____ miedo lanzarnos a dar un paso que nos pueda cambiar la vida?

Sí, claro que a veces nos asustan los cambios. Pero tenemos que creer en nosotros (12)_____. Estas decisiones no (13)_____ que pensárselas mucho, y no debemos preguntarnos por el qué pasaría si... De todas formas, siempre es importante que cada uno (14)_____ un tiempo para meditar a solas antes de saber (15)_____ que hacer.

Adaptado de *Metro Directo*, 09-01-2006

## Elige la opción correcta.

**1.** [a]
a. Hace
b. Desde
c. Hay
d. De

**2.** ☐
a. es
b. a
c. de
d. al

**3.** ☐
a. es
b. con
c. a
d. por

**4.** ☐
a. a
b. por
c. es
d. de

**5.** ☐
a. cuál
b. que
c. cómo
d. como

**6.** ☐
a. a
b. en
c. de
d. con

**7.** ☐
a. como
b. para
c. por
d. a

**8.** ☐
a. de cara al público
b. en cara al público
c. cara del público
d. de cara para el público

**9.** ☐
a. que
b. cómo
c. cuál
d. qué

**10.** ☐
a. me ha cambiado los ojos
b. me ha abierto los ojos
c. me ha puesto los ojos
d. me ha dado los ojos

**11.** ☐
a. da
b. tiene
c. pone
d. trae

**12.** ☐
a. propio
b. propios
c. mismo
d. mismos

**13.** ☐
a. tiene
b. hay
c. es conveniente
d. importa

**14.** ☐
a. se toma
b. tomarse
c. tomase
d. se tome

**15.** ☐
a. lo
b. el
c. la
d. cual

# JÓVENES INQUIETOS

Si con 12 años montas un (1)_____ de cuidado de (2)_____ en tu casa en vez de estar en la calle (3)_____, es que eres un (4)_____ nato. Manuel Palacio hizo eso y más: no sólo cuidó 38 hamsters, también vendió las crías que tuvieron, porque sus (5)_____ no las querían. Un buen negocio: consiguió 15.000 pesetas.

Manuel (6)_____ 12 horas (7)_____ –seis de ellas escuchando música– y solo duerme seis. Compagina la dirección de la discográfica Quattro Records con un (8)_____ de encargado en un bar de (9)_____ durante los fines de semana. Es el miembro con menos edad de la Asociación de Jóvenes (10)_____. Con un espíritu inquieto, no quiso ir a la (11)_____ "porque es una pérdida de tiempo; prefiero estudiar por mi cuenta, ser (12)_____". Fue un amigo de su padre quien inicialmente creyó en él y aportó los 6.000 euros que hicieron falta para poner en marcha la discográfica el 11 de mayo de 2004. La firma de la empresa fue su regalo para (13)_____ sus 18 años: "Mi padre sabía que era una de mis mayores ilusiones", recuerda. Una ilusión que compartía también David Fernández, estudiante de Periodismo que con 20 años y el apoyo de su (14)_____ de trabajo, en una teleoperadora, Paloma Gil, de 24 años, decidió montar *80 Días*, una revista especializada en turismo. "Ser muy joven es una dificultad a la hora de montar una empresa, porque los bancos no te toman muy en serio". De hecho, el principal problema es obtener financiación para la empresa. ¿Y las (15)_____ de los diferentes organismos oficiales? "De eso ni hablamos. Tengo pedidas todas las que pueden existir, pero todavía no sé nada de ellas", asegura David.

Adaptado de *Actualidad Económica*, 03-03-2005

**Elige la opción correcta.**

**1.** ☑ c
a. tienda
b. tren
c. negocio
d. espectáculo

**2.** ☐
a. plantas
b. mascotas
c. ancianos
d. personas

**3.** ☐
a. trabajando
b. parado
c. jugando
d. mirando

**4.** ☐
a. emprendedor
b. jefe
c. loco
d. negociador

**5.** ☐
a. padres
b. amigos
c. Familiares
d. dueños

**6.** ☐
a. trabaja
b. descansa
c. pasea
d. piensa

**7.** ☐
a. diarias
b. seguidas
c. semanales
d. continuas

**8.** ☐
a. amigo
b. puesto
c. hobby
d. negocio

**9.** ☐
a. día
b. noche
c. copas
d. niños

**10.** ☐
a. Artistas
b. Comerciantes
c. Empresarios
d. Músicos

**11.** ☐
a. guardería
b. escuela
c. mercado
d. universidad

**12.** ☐
a. independiente
b. autodidacta
c. autoritario
d. inteligente

**13.** ☐
a. celebrar
b. terminar
c. comenzar
d. cumplir

**14.** ☐
a. directora
b. jefa
c. compañera
d. amiga

**15.** ☐
a. ofertas
b. rebajas
c. ayudas
d. plazas

**Lee el texto y relaciona los datos de las tres columnas.**

# Fiestas y folclore en España

Las tradiciones folclóricas españolas más conocidas son el flamenco y los toros. El viajero encontrará corridas de toros en muchos pueblos y ciudades españolas, pero los más populares son los encierros que se celebran durante la fiesta de SAN FERMÍN, en Pamplona, en la primera semana de julio.

El flamenco es la tradición folclórica del sur, en particular de Andalucía. Si quiere conocer las raíces del cante, la guitarra y el baile flamenco, tendrá que ir hasta allí. Por ejemplo, en abril se celebra la FERIA DE ABRIL en Sevilla, que consiste en una semana llena de cante y baile, donde se bebe vino de Jerez y otros deliciosos caldos de la zona, acompañados de jamón y queso, entre otros aperitivos. Si llega unas dos semanas antes de la feria, podrá disfrutar de otra celebración espectacular que ofrece la capital sevillana: la Semana Santa.

También en Andalucía se celebra la romería del ROCÍO. Millones de personas acuden a venerar a la Virgen del Rocío en Huelva. Los "peregrinos" van a pie, a caballo o en carretas adornadas. Es una fiesta en la que se mezcla la religiosidad y la alegría.

En Valencia se celebran en marzo las FALLAS, que se caracterizan por los fuegos artificiales y la quema de cientos de esculturas.

En el norte, en San Sebastián, se encontrará en febrero con la TAMBORRADA, en la que los tambores no paran durante una semana.

En la capital de España, Madrid, la fiesta del patrón es el 15 de mayo, SAN ISIDRO. Los madrileños acuden a la ermita de su santo a beber el agua bendita y celebran la fiesta con una comida en el parque dedicado al Santo. Aprovechan para bailar el chotis, el baile típico madrileño, y por la tarde se celebran importantes corridas de toros.

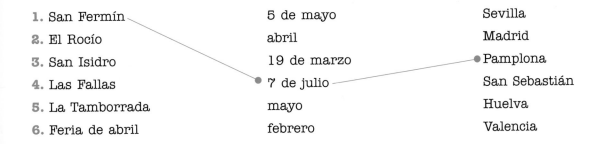

| | | |
|---|---|---|
| 1. San Fermín | 5 de mayo | Sevilla |
| 2. El Rocío | abril | Madrid |
| 3. San Isidro | 19 de marzo | Pamplona |
| 4. Las Fallas | 7 de julio | San Sebastián |
| 5. La Tamborrada | mayo | Huelva |
| 6. Feria de abril | febrero | Valencia |

# Transcripciones

## UNIDAD 2

### B. ¿cómo vas al trabajo?

**3.** Pista 2

Pues a mi abuela le pasó una cosa divertidísima en el autobús: era por la mañana, y se sentó en un asiento al lado de la ventanilla. Y al poco rato se sentó a su lado un chico con el pelo largo y sin afeitar. Bueno, pues a mi abuela se le ocurrió mirar su reloj para ver la hora… ¡y resulta que el reloj no estaba en su muñeca! Y entonces, claro, enseguida pensó que el chico ese de al lado, con ese aspecto que tenía, le había robado el reloj. Se enfadó muchísimo, cogió las llaves y se las puso al chico pegadas al cuerpo, y le dijo: "¡Pon ahora mismo el reloj en mi bolso! ¡Y calladito, que tengo un cuchillo!". Y entonces el chico, claro, se asustó un montón, se quitó el reloj y se lo metió en el bolso. Bueno, pues mi abuela se bajó enseguida del autobús, miró en el bolso y se quedó extrañadísima porque aquel reloj no era el suyo. El caso es que, cuando llegó a casa, vio que se le había olvidado su reloj en la mesilla de noche.

### C. Intercambio mi casa

**4.** Pista 3

C.: ¿Sabes que estamos pensando en hacer un intercambio de casa?

J.: ¡Anda, pues, qué interesante! ¿Y ya sabéis dónde?

I.: Nos encantaría ir a algún lugar de Brasil, que esté en la ciudad y cerca de la playa, porque a los niños les gusta mucho.

C.: Sí, sí, una ciudad con playa y con cosas para ver, y que tenga cerca algún sitio para hacer compras.

J.: ¿También vais a intercambiar el coche? Sé que hay gente que lo hace.

I.: No, no, a nosotros no nos interesa. Es que estamos hartos de coger el coche para todo, así que iremos andando o en transporte público.

J.: ¿Y cuándo pensáis ir?

I.: Tiene que ser en las vacaciones escolares, porque así podemos ir los cinco. A mis tres hijos pequeños les encanta el plan.

J.: No me extraña, a mí también. ¿Queréis un cigarrillo?

C.: No, gracias, no fumamos.

## UNIDAD 3

### B. Hermanos

**3.** Pista 5

P.: Y hoy tenemos en nuestro programa a Graciela y Eva, dos hermanas gemelas muy especiales. ¿Cómo os diferencian vuestros amigos y familiares?

G.: Pues la verdad es que, a veces, cuando estamos juntas, es difícil, porque somos casi iguales; pero vamos, tenemos alguna cosa diferente: por ejemplo, yo tengo un pequeño lunar aquí, en la cara…

E.: Y también nos ponemos ropa diferente.

P.: ¿Alguna vez os ha pasado algo divertido o curioso por ser gemelas?

G.: Bueno…, sí, por ejemplo fue divertido una vez que mi novio se confundió y le dio un beso a mi hermana en vez de a mí.

P.: ¿Tiene alguna ventaja especial ser tan iguales físicamente?

G.: La verdad es que a veces sí tiene sus ventajas. Sobre todo cuando estábamos en el colegio, por ejemplo cuando había examen de música. Yo no sabía tocar la flauta, y mi hermana tocaba en mi lugar.

P.: ¿Y desventajas?

E.: Sí, es molesto a veces, porque alguna gente siempre se confunde, y me llama como con el nombre de mi hermana. Algunos piensan que tenemos la misma opinión, o que somos iguales en carácter…

P.: ¿Y no es así, no tenéis el mismo carácter?

E.: ¡No, qué va! Por ejemplo, Graciela es más sociable y segura de sí misma que yo, que soy mucho más tímida e insegura. Luego, también, yo tengo mucha imaginación y prefiero hacer cosas más creativas.

G.: Sí, y en los gustos somos también muy distintas: a mí me encanta hacer deporte, y Eva prefiere leer, escuchar música…

## UNIDAD 4

### C. Lo que la vida me ha enseñado

**1.** Pista 6

E.: Manuel, ¿dónde has estado?

M.: ¡Uf! He estado en tantos sitios…, el Polo Norte, Tailandia, España, la Patagonia, la selva del Amazonas… La lista es demasiado larga.

E.: ¿Qué es lo más peligroso que has hecho?

M.: Bucear en una zona llena de tiburones. La verdad es que pasé muchísimo miedo: es impresionante verlos tan de cerca.

E.: Seguro que has tenido que comer cosas rarísimas. ¿Has probado la carne de serpiente?

M.: Pues no, nunca, pero me han dicho que está riquísima.

E.: Cuéntanos tu última aventura.

M.: He dado la vuelta al mundo en bicicleta en muy poco tiempo. Ha sido durísimo, pero muy interesante.

E.: ¿Cuál es el paisaje más impresionante que has visto?

M.: Recuerdo muchos lugares increíbles. Pero me impresionó mucho el desierto de Atacama, en Chile, porque parecía que estaba andando por la Luna.

E.: Y tu familia, ¿qué opina de todas estas aventuras?

M.: Mi mujer siempre ha respetado mi pasión por el riesgo. Además, ella misma ha venido conmigo en muchos de mis viajes. Mis padres lo llevan peor, pero bueno, poco a poco se han ido acostumbrando…

## UNIDAD 5

### B. Las otras medicinas

**1.** Pista 7

Visualice su cuerpo mientras respira lenta y profundamente. Haga un recorrido desde los pies a la cabeza. Empiece por relajar la cara, la lengua, los labios… Relaje los músculos de sus ojos: sus cejas, sus pestañas… Sienta su frente relajada, e imagine que alguien está pasando despacio un cepillo muy suave por sus cabellos.

Deje que cada parte de su cuerpo sea atraída por la gravedad: la cabeza, el cuello, los hombros, la espalda… Ahora cada parte de su cuerpo es muy pesada: los brazos, el pecho, el abdomen… Sus piernas son cada vez más pesadas: sienta como poco a poco se relajan sus caderas, sus muslos, sus tobillos… Sienta sus pies más y más relajados: el talón, cada uno de los dedos… Cualquier tensión desaparece poco a poco…

### C. El sueño

**8.** Pista 8

1. Si tienes dolor de muelas: no comas tantos dulces. Y no tomes alimentos ni muy calientes ni muy fríos. Y, sobre todo, ve enseguida al dentista.

2. Si estás muy estresado: no trabajes tanto. Busca algún momento para relajarte. Oye música suave. Sal y distráete.

3. Si estás resfriado: abrígate bien. Toma alguna infusión bien caliente. Ve al médico.

4. Si te duele la rodilla: pon la pierna en alto. No hagas movi-

mientos bruscos con la rodilla. No subas las escaleras y deja de montar en bicicleta.

**9.** Pista 9

Gabardina, gato, gota, jarrón, gente, hoguera, lentejas, gigante, jirafa, guerra, jersey, jota, guitarra, juego, guepardo, girar.

# UNIDAD 6

## A. Ecológicamente correcto

**6.** Pista 10

C.: A mí me molesta muchísimo que alguien llegue tarde a una cita. Es que no lo soporto…

S.: Sí, sí, tienes razón, a mí tampoco me gusta nada. Me parece de muy mala educación.

D.: Pues yo no soporto que me insistan para que coma más de algo. Mi tía siempre lo hace cuando voy de visita a su casa y, vamos, me pone de los nervios.

S.: A mí, lo que más me fastidia es que alguien se ponga a fumar en mi casa sin pedirme permiso.

A.: Bueno, pero eso no es muy normal, ¿no? Normalmente se pide permiso.

S.: Sí, pero no te creas, ¿eh?, que hay gente que lo hace.

A.: Oye, ¿y no os pasa que todo el mundo os da consejos sobre cómo cuidar a vuestros hijos? ¡Incluso gente que no los tiene! A mí es una cosa que me da mucha rabia.

# UNIDAD 7

## C. Si tuviera dinero…

**7.** Pista 11

E.: Adela, mira qué cuestionario hay en esta revista sobre tu estado de ánimo en el trabajo. ¿Quieres que te haga las preguntas?

A.: Bueno, si no es muy largo…

E.: A ver… pregunta número 1. Si tu jefe te encarga un nuevo proyecto, diciéndote que si lo haces bien subirías de categoría en la empresa, ¿cómo te sentirías?: a) emocionada, es la oportunidad que estaba esperando; b) indiferente, no me interesa ascender; c) con pocas esperanzas, no es la primera vez que me lo proponen.

A.: Me sentiría emocionada.

E.: Vale. Pregunta número 2. Si una empresa de la competencia te ofreciera un puesto de trabajo con una pequeña subida de sueldo, ¿cómo reaccionarías?: a) rechazarías la oferta porque estás a gusto en tu empresa; b) estudiarías la oferta, aunque el dinero no es lo más importante en tu vida; c) aprovecharías la oportunidad para cambiar de empresa.

A.: La a. Yo estoy muy a gusto en mi empresa. La rechazaría sin dudar.

E.: Pregunta número 3. Si en la cena de Fin de Año que organiza tu empresa te dieran un premio por tu buena actuación, ¿qué pensarías?: a) me lo merecía. Ya era hora de que reconocieran mi trabajo en la empresa; b) ha sido una gran sorpresa. Nunca me lo hubiera imaginado; c) la verdad es que me da lo mismo. No me interesan los premios.

A.: Para mí sería una gran sorpresa.

E.: Ahora la 4. Si tu empresa te propusiera un puesto en la dirección, ¿qué dirías?: a) me siento preparada para el nuevo cargo; b) no estoy segura de tener éxito en el nuevo puesto, mejor se lo proponen a otro compañero; c) con la ayuda de mis compañeros podría intentar sacar la nueva tarea adelante.

A.: Yo creo que lo intentaría con la ayuda de mis compañeros.

E.: Y ahora la última. Si tu jefe te propone que en tu nuevo puesto, de vez en cuando, tendrás que viajar fuera de tu ciudad, ¿qué le contestarías?: a) no puedo, tengo familia; b) me encanta viajar, no me importaría; c) estaría dispuesta, si los viajes no son muy frecuentes.

A.: En este momento no me importaría. Ya sabes que me encanta viajar.

E.: Contigo la empresa estaría encantada. Eres la trabajadora ideal, entusiasta y dispuesta. Espero que te dure mucho tu puesto de trabajo.

# UNIDAD 8

## A. Deportes

**3.** Pista 12

L.: Hoy está con nosotros el ciclista Juan Antonio Hermida, a quien le vamos a hacer una serie de preguntas.

L.: A ver Juan Antonio: su juguete favorito cuando era niño tenía ruedas, ¿verdad?

H.: No tuve bici hasta los 14 años. Se la gané a mis padres en una apuesta, por sacar buenas notas, pero siempre tenía la palabra monopatín en la boca y andaba con él por todos lados.

L.: ¿Qué prefiere hacer para relajarse?

H.: Dormir la siesta y salir a tomar un "capuchino" con los amigos, la mayoría, deportistas, porque siempre ando de competiciones.

L.: ¿Tiene algún defecto?

H.: Sí, morderme las uñas. Me gustaría dejarlo, porque mi mujer, Sandra, lo odia.

L.: Pida un deseo.

H.: Seguir como estoy.

L.: ¿Tiene algún sueño por cumplir?

H.: Me quedan muchos: formar una familia, ganar el oro olímpico…

L.: Elija tres lugares para vivir, entrenar y competir.

H.: California, cualquier sitio de Canadá y la costa sur de San Francisco.

L.: Descríbase. ¿Cómo es usted?

H.: Espontáneo, extrovertido, simpático…

L.: ¿Cuál es para usted su victoria más importante?

H.: La Copa del Mundo 2001, porque fui el primer español en conseguirla. Ganarla significaba entrar en la historia de este deporte.

L.: ¿Su mayor locura…?

H.: Cuando en un día de entrenamiento me hago 220 kilómetros.

L.: ¿Cuántas bicis tiene?

H.: (Risas) Tres en mi casa, dos en casa de mis padres, una en una tienda y tres que me han preparado en Alemania. En total, ocho.

## B. ¿Salimos?

**1.** Pista 13

J.: ¿Quieres que vayamos al cine?

I.: Esta tarde no me apetece salir. ¿Qué te parece si nos quedamos en casa viendo la tele?

J.: No sé qué decirte, porque la programación no parece muy interesante.

I.: ¿A qué hora ponen ese concurso tan divertido?

J.: ¿*Cifras y Letras*? Es muy pronto. A las cinco de la tarde. Yo prefiero ver un buen documental.

I.: Mira, hay uno sobre turismo en España a las 6 de la tarde. Y esta noche podemos ver el capítulo siguiente de la serie de los abogados.

J.: Ya no la ponen. La quitaron hace quince días. Esta noche la única posibilidad es ver las noticias de la 2, y luego ponen una película de aventuras en *Tele-Madrid*.

I.: ¿Cuál?

J.: *La máscara del Zorro*. Debe de ser divertida.

I.: ¿No prefieres ver el partido de esta noche?

J.: Hoy no hay partido. Es mañana, por eso pensaba que sería mejor que hoy saliésemos a cenar.

# UNIDAD 9

## A. Sucesos

**5.** Pista 14

LOCUTOR: Y, ahora, otras noticias de interés:

PRIMERA: Una tigresa del circo Price, instalado en el municipio madrileño de Arganda del Rey, arrancó ayer el brazo de un hombre de 32 años que se acercó a su jaula, según informó a *EFE* un portavoz de Emergencias 112.

El suceso ocurrió pasadas las ocho de la tarde de ayer sábado, cuando el hombre metió su brazo derecho entre los barrotes de la jaula en la que se encontraba la tigresa.

SEGUNDA: Cuatro mujeres, tres de ellas de 67 años y la cuarta de 71, resultaron heridas ayer al ser atropelladas por un Volvo rojo cuando cruzaban un paso de peatones en la calle del Puerto de Navas (Oviedo). Tras ser atendidas por el servicio de urgencias, fueron trasladadas al hospital Central…

TERCERA: El único acertante del sorteo de *EuroMillones* celebrado hace diez días sigue sin revelar su identidad, a pesar de que a mediodía de ayer le fue entregado el premio de 45.117.030 euros, el de mayor cuantía repartido en España en un sorteo de loterías. El acto de entrega del talón, en un hotel de A Coruña, no contó, sin embargo, con la presencia del afortunado…

CUARTA: Tras realizar un estudio con varios voluntarios, un médico estadounidense ha desarrollado un método para agilizar la memoria. Según los consejos del doctor, en tan sólo 14 días podemos mejorar nuestra memoria siguiendo una serie de pautas, tales como una dieta saludable, donde además de evitar las grasas de origen animal, recomienda frutas y verduras que contienen antioxidantes.

QUINTA: Hoy se ha inaugurado en Barcelona el supercomputador «Mare Nostrum», considerado el más veloz de toda Europa y el cuarto más potente del mundo. Durante la inauguración, el director del proyecto ha anunciado que se está desarrollando un nuevo superordenador que funcionará a pleno rendimiento en 2008 y que será 25 veces más rápido.

## UNIDAD 10

### B. Alojamientos

**3.** Pista 16

1. A. Servicio de habitaciones, ¿dígame?
   B. ¿Sería posible que nos subieran la cena?
   A. Por supuesto. ¿Qué desean cenar los señores?
   B. Queríamos una ensalada de salmón, un filete de ternera y tomates rellenos.
   A. ¿Y de bebida?
   B. Una botella de vino blanco de Rueda y una botella de agua mineral.
   A. ¿Tomarán algún postre?
   B. Sí, helado de naranja y fresas con nata.
   A. Gracias, señor. Enseguida les llevarán la cena.
2. A. Perdone, ¿podría abrir la ventanilla?
   B. Sí ahora mismo.
   A. Gracias.
3. A. Divertours, ¿dígame?
   B. ¿Podría decirme si hay plazas en la excursión de mañana a las termas?
   A. Lo siento, pero todas las plazas están cubiertas.

### C. Historias de viajes

**4.** Pista 18

Tenía que coger el tren para Sevilla esa misma mañana. Cogí mi equipaje y fui en metro hasta la estación. Mi tren salía a las 9:30. Pero allí me di cuenta de que me faltaba una maleta: me la había dejado en casa. Entonces tuve que volver a casa, coger la maleta y regresar a la estación. Pero cuando llegué eran las 9:40 y ya había salido mi tren.

## UNIDAD 11

### B. ¡Me encanta ir de compras!

**5.** Pista 19

L.: Internet se ha convertido en el mayor supermercado del planeta. Hoy hemos invitado a nuestro programa a David Muñoz, experto en el tema. Señor Muñoz, ¿qué tipo de cosas se compran normalmente por Internet?

D.: Lo que más se vende son viajes, entradas para espectáculos, libros y revistas, vídeos o música.

L.: ¿Qué hay que hacer para comprar en la red?

D.: Una vez localizado el producto que nos interesa, su compra resulta muy fácil: sólo hay que ponerse en contacto con el proveedor, darle nuestros datos personales, decir cómo queremos recibir el producto y realizar la transacción.

L.: ¿Cuántos españoles utilizan este servicio?

D.: Un 23% de los españoles ha comprado alguna vez por Internet. Y dentro de unos años lo hará mucha más gente, porque tiene muchas ventajas. Primero, porque es más cómodo y más rápido: no hay que hacer cola ni cargar con la compra. Y luego, también, porque en Internet encuentras las cosas a mejores precios.

L.: De todas formas, todavía hay mucha gente que prefiere no utilizar Internet para sus compras. ¿Por qué?

D.: El consumidor desconfía del sistema de pago. Además, a la gente, en general, no le gusta dar sus datos personales.

## UNIDAD 12

### B. ¿Quieres venir a mi casa en Navidad?

**3.** Pista 20

L.: Muchos de nuestros oyentes se preguntan si en el resto de Europa se celebra la Navidad igual que en España. Para aclararnos esta duda está con nosotros Natalia de la Fuente, periodista y viajera incansable, que puede informarnos sobre las costumbres y tradiciones en las distintas zonas del mundo en las que ella ha celebrado estas fiestas tan entrañables. Natalia, para nuestros oyentes extranjeros, ¿cómo resumirías las celebraciones de la Navidad en España?

N.: En España, las calles se iluminan con luces de colores, las plazas se llenan de mercadillos y las familias se reúnen para cenar en la Nochebuena, el 24 de diciembre, y al día siguiente para celebrar la comida de Navidad. Y, el 31 de diciembre, los españoles despiden el año delante de la televisión con doce uvas que van tomando al son de las doce campanadas.

L.: ¿Y cómo se vive la Navidad en otros países de Europa?

N.: En Bélgica, por ejemplo, tienen por costumbre salir a patinar el día de Navidad, después de la comida familiar. A los finlandeses les gusta colgar de la rama del árbol de Navidad banderitas de distintos países como símbolo del hermanamiento entre pueblos y culturas. En Italia es muy curioso cómo celebran la última noche del año, comiendo un plato de lentejas antes de salir a las distintas fiestas. A las mujeres se les regala esta noche lencería de color rojo para que tengan suerte al año siguiente.

L.: ¿Qué otras curiosidades conoces?

N.: Los irlandeses, por ejemplo, colocan una gran vela blanca en la entrada de la casa o en alguna ventana que enciende el más pequeño el día de Nochebuena, y en Letonia es muy curioso que nadie pueda recoger su regalo junto al árbol sin antes recitar un pequeño poema.

L.: ¿Y qué pasa al otro lado del mundo?

N.: En países del hemisferio sur, como Australia, la Navidad se celebra durante el verano. Allí, el clásico ambiente navideño de nieve y frío al que estamos acostumbrados se transforma en playas y Santa Claus veraniegos.

L.: Podríamos seguir hablando durante horas, pero creemos que con esta pequeña exposición nuestros oyentes habrán quedado satisfechos.

# Solucionario

## UNIDAD 1

### A. Vida cotidiana

**1** 1. vas; 2. vives; 3. sales; 4. A. conoces, B. empezamos; 5. ha empezado; 6. tienes.

**2** 1. c; 2. a; 3. b.

### B. Pasado, presente y futuro

**1** 1. a.; 2. d.; 3. b.; 4. c.; 5. f.; 6. e.; 7. g.

**2** 1. varias veces; 2. siempre; 3. todos los días; 4. muchos años; 5. nunca; 6. tres días a la semana; 7. hace poco tiempo; 8. tres años; 9. la semana pasada.

**3** 1. nació; 2. tenía; 3. enfermó; 4. tuvo; 5. empezó; 6. entró; 7. conoció; 8. se casó; 9. vivió; 10. calificó; 11. declaraba / declaró; 12. expuso; 13. trabajó; 14. organizó; 15. Murió.

### C. Julia me cae bien

**1** 1. A Rosa le molestan los ruidos. 2. A mí me quedan mal los vaqueros. 3. A Carlos le preocupa su trabajo. 4. A Manuel y Laura les interesa la Historia. 5. A mis padres les encanta el cine. 6. A mi mujer le cae mal mi secretaria. 7. A mis hijas les preocupa la contaminación de la atmósfera. 8. A nosotros no nos pasa nada importante nunca. 9. A mí me interesan los problemas de la gente que quiero. 10. ¿A vosotros os importa el futuro de los niños?

**2** 1. le. 2. se, se. 3. le. 4. se. 5. le, le.

**3** 1. A. te. B. me. 2. A. me. A. le. 3. A. te. B. me, se. 4. A. os. B. nos. 5. A. me. 6. me. 7. A. le. B. Se. 8. te. 9. A. te. B. me.

**4** 1. veo; 2. haces; 3. busco / estoy buscando; 4. cerraron; 5. trabajaba; 6. me quedé; 7. trabajo; 8. trabajas; 9. estoy; 10. miro; 11. tuve; 12. llamarán.

**6** 1. A. Has estado. B. estuve, Fui. 2. me gustaba, prefiero. 3. A. pasarás. B. pasaré, cenaré. 4. A. Has visto. B. voy / he ido. 5. A. Voy / Voy a ir. B. vi, me gustaron. A. he estado. 6. A. haces. B. salgo, iré / voy a ir. 7. A. estabas, Te he llamado. B. estuve. 8. estás.

**7** Me llamo Joaquín del Campo y *soy* matrona. Trabajo en el hospital de El Escorial *desde* hace 17 años. A las mujeres no les importa, pero a veces sí les choca a los médicos, porque *esperan* que la matrona sea una mujer. Algunas mujeres dicen que me prefieren a mí porque soy más sensible. No lo sé. A mí me *gusta* mi trabajo, siempre intento animar *a* la madre, *le* pregunto cómo se va a llamar el bebé, le cuento que es un momento duro pero que pronto tendrá a su bebé en los brazos y el dolor *pasará*. Si a alguna mujer le *molesta* mi presencia, otra compañera viene y no pasa nada. Creo que he atendido unos 4.000 partos. El mejor, cuando ayudé a mi mujer. Creo que todos los padres *deben* ver cómo *nacen* sus hijos, es una experiencia inolvidable.

## UNIDAD 2

### A. En la estación

**1**

| A | C | O | N | D | U | C | T | O | R | S | O | T | B |
|---|---|---|---|---|---|---|---|---|---|---|---|---|---|
| K | E | L | V | T | O | N | D | A | D | A | M | C | I |
| E | L | O | M | R | C | O | C | P | E | S | I | L | C |
| B | I | L | L | E | T | E | B | A | N | I | R | O | D |
| E | N | T | R | V | A | U | T | R | A | E | P | M | E |
| A | E | B | I | I | M | O | V | A | M | N | A | O | C |
| T | A | V | I | S | R | E | V | D | A | T | Z | T | A |
| A | N | C | R | O | T | R | I | A | T | O | T | R | E |
| I | N | T | E | R | C | A | M | B | I | A | D | O | R |

## UNIDAD 1 (continuación)

**2** 1. Porque nadie creía en el proyecto. 2. El Banco Vizcaya. 3. El 31 de octubre de 1919. 4. Era bastante más rápido que otros medios de transporte. 5. Tomando la línea 8.

**3** 1. Cuando Rosa llegó, la clase ya había empezado. 2. Cuando vino el técnico, yo ya había arreglado el televisor. 3. Cuando Mercedes volvió, su hijo ya había fregado los platos y recogido la cocina. 4. Cuando Hugo preguntó por aquel piso, el dueño ya lo había vendido. 5. Cuando Gustavo Carrascosa ganó el Premio Nobel de Literatura, ya había escrito *La jaula de cristal*. 6. Cuando me telefoneaste otra vez, yo ya había escuchado tu mensaje en el contestador. 7. Cuando terminé mis estudios, yo ya había empezado a trabajar. 8. Cuando nuestro hijo cumplió diez meses, ya había aprendido a andar.

**4** 1. había hecho. 2. había muerto. 3. había nacido. 4. se habían divorciado. 5. habíamos abierto.

**5** 1. éramos, nos mudamos. 2. volvió, lloramos. 3. contesté, estaba. 4. compramos, habíamos visto. 5. vivíamos, nadábamos. 6. conocí, había salido. 7. se nos rompió, habías regalado. 8. pasábamos, estuvimos. 9. olía, había dejado.

### B. ¿Cómo vas al trabajo?

**1** 1. Revisor. 2. transbordo. 3. Metrobús. 4. Taxi. 5. Andén. 6. atasco.

### C. Intercambio mi casa

**1** 1. Por unos amigos. 2. En primavera. 3. Un mes. 4. Sí.

**2** 1. a; 2. de; 3. al; 4. en; 5. al; 6. en; 7. Desde; 8. hasta; 9. en; 10. del; 11. de; 12. de.

**3** 1. desde, hasta, en; 2. a; 3. a; 4. por.

**4**

| País de intercambio: | *Brasil* | |
|---|---|---|
| Época del año: | *Vacaciones escolares* | |
| Número de personas: | *5* | |
| Niños: | ○ Sí | ○ No |
| Tipo de propiedad: | ○ Urbana | ○ Rural |
| Fumadores: | ○ Sí | ○ No |
| Intercambio de coche: | ○ Sí | ○ No |
| ○ Lago | ○ Playa | |
| ○ Montaña | ○ Bosque | |
| ○ Atracciones turísticas | ○ Zona comercial | |

**5** 1. Aparato de aire acondicionado. 2. Calefacción. 3. Chimenea. 4. Equipo de música. 5. Terraza. 6. Vitrocerámica. 7. Lavaplatos. 8. Barbacoa.

## UNIDAD 3

### A. Amigos

**1** a. vago; b. generoso; c. terco; d. comprensivo; e. formal; f. cariñoso; g. egoísta; h. sincero; i. tímido.

| S | P | R | T | M | C | B | G | R | T | N | S |
|---|---|---|---|---|---|---|---|---|---|---|---|
| C | F | V | A | G | O | T | S | N | B | O | P |
| A | Z | F | O | R | M | A | L | L | U | Y | O |
| S | D | R | T | B | P | W | S | T | R | N | A |
| N | B | V | C | A | R | I | Ñ | O | S | O | L |
| O | V | B | Y | T | E | R | C | O | I | B | Z |
| Z | O | C | V | U | N | P | Ñ | L | N | P | N |
| X | E | G | O | I | S | T | A | N | C | G | M |
| P | O | T | I | M | I | D | O | M | E | U | B |
| Z | E | R | F | O | V | E | U | N | R | Z | P |
| G | E | N | E | R | O | S | O | N | O | P | T |

**2** 1. hable; 2. tenga, sea; 3. tenga; 4. cuide; 5. esté; 6. juegue; 7. pueda; 8. entienda.

**3** 1. hace; 2. sabe; 3. estudien; 4. tenga; 5. hace; 6. acaban; 7. cueste.

## B. Hermanos

**1** 1. suegra; 2. nietos; 3. madre; 4. hijos; 5. hijos; 6. padre; 7. familia política.

**2** 1. mujer; 2. nuera; 3. suegra; 4. abuela; 5. sobrina; 6. yerno.

**3** 1. No (Graciela tiene un pequeño lunar en la mejilla izquierda). 2. Que una vez se confundió y estuvo a punto de besar a Eva. 3. Que la gente siempre las confunda y piense que su hermana y ella piensan igual y tienen el mismo carácter.

|  | GRACIELA | EVA |
|---|---|---|
| Carácter | Sociable, segura de sí misma. | Tímida, insegura, creativa. |
| Gustos | Le gusta hacer deporte. | Le gusta leer, escuchar música. |

**4** 1. d; 2. f; 3. b; 4. c; 5. e; 6. g; 7. a.

**5** 1. F. 2. V. 3. F. 4. F. 5. V.

**6** 1. Sé, alemán, inglés; 2. tímido, tenía; 3. Cuándo, llegó, Álvaro, Málaga; 4. muchísimo, pájaros; 5. tengáis; 6. Qué, simpático; 7. días, autobús; 8. Deberías, él; 9. matemáticas, próxima; 10. estudié, gramática.

## C. Tengo problemas

**1** 1. c; 2. e; 3. a; 4. j; 5. g; 6. i; 7. f; 8. b; 9. h; 10. d.

**2** 1. me abrigaría; 2. pondría; 3. tendría; 4. estaría; 5. iría; 6. haría; 7. vería; 8. saldría.

## UNIDAD 4
## A. ¡Cuánto tiempo sin verte!

**1** 1. Cuando salieron de casa, estaba lloviendo. 2. Cuando llegaron, un ladrón estaba robando en su casa. 3. Cuando la vi, estaba cruzando la calle. 4. Cuando empezó la película estaban cenando. 5. Cuando abrimos la puerta, ella estaba hablando por el móvil. 6. Cuando volvió del trabajo, su mujer estaba leyendo el periódico. 7. Cuando ella despertó, él estaba preparando el desayuno.

**2** 1. Ha estado practicando. 2. estaban dando. 3. estaba esquiando. 4. estuvimos hablando. 5. han estado escuchando. 6. habéis estado criticando. 7. estaba rodando. 8. estuvieron escribiendo.

**3** 1. Sigue veraneando en Ibiza. 2. Ha dejado de coleccionar postales. 3. Ha dejado de jugar al fútbol. 4. Sigue saliendo con Tomás. 5. Sigue viviendo en Múnich. 6. Ha dejado de estudiar medicina. 7. Ha dejado de vivir con sus padres. 8. Ha dejado de ser vegetariana. 9. Sigue haciendo submarinismo. 10. Ha dejado de ir a clases de ballet. 11. Sigue escribiendo poemas. 12. Sigue siendo muy alegre.

**4** 1. acaba de. 2. empieza a. 3. llevan. 4. acaba de. 5. sigue. 6. empieza a. 7. deja de. 8. vuelve a. 9. sigue. 10. vuelve a. 11. deja de. 12. lleva.

**5** 1. La película acaba de empezar. 2. Hoy me he vuelto a examinar. 3. Acabo de terminar el informe. 4. Mi cuñado lleva buscando trabajo desde hace dos meses. 5. ¿Por qué habéis dejado de escribirme cartas? 6. Esta actriz sigue actuando en el cine. 7. Hemos dejado de vender revistas. 8. Llevan trabajando desde los 18 años. 9. He vuelto a ver la película que me prestaste.

## B. La educación antes y ahora

**1** 1. Antes los niños tenían mucha imaginación, pero ahora son menos creativos. 2. Antes me daba miedo el agua, pero ahora me en-

canta nadar. 3. Antes los niños apreciaban más los juguetes, pero ahora tienen demasiadas cosas. 4. Antes salíamos todas las tardes, pero ahora no tenemos tiempo. 5. Antes veníais todas las semanas, ahora estáis siempre ocupados. 6. Antes los niños construían sus propios juguetes, ahora sus padres se los compran. 7. Antes los niños jugaban en la calle con sus amigos, ahora prefieren divertirse con los videojuegos.

**3** 1. colegio privado. 2. colegio mixto. 3. suspender. 4. asignatura. 5. aprobar. 6. colegios públicos, uniforme. 7. matricularse. 8. pedir una beca. 9. guardería.

## C. Lo que la vida me ha enseñado

**1** 1, 2, 6, 9, 10.

**3** 1. He estudiado periodismo en la universidad del Saber. 2. He hecho un curso de redacción y corrección de estilo. 3. He presentado un programa en la radio. 4. He trabajado en la redacción del periódico *Dime*. 5. He dado una conferencia en las XI Jornadas de Periodismo de La Habana. 6. He escrito un libro sobre política exterior. 7. He ganado varios premios de periodismo. 8. He sido corresponsal en Asia.

**4** A. He hecho; he recorrido; he cazado; he vivido. B. hemos nadado; hemos pasado; hemos ganado. C. habéis soñado.

**5** deshonesto, desordenado, descontrolado, desagradable, infeliz, intranquilo, ilimitado, inútil, ilegales, innecesario, inexperto, irresponsable, incómodo, intolerante, impaciente, injusto, inmaduro, ilegal, insensible, insociable.

**6** 1. desanimado. 2. invisible. 3. impersonal. 4. irrespetuoso. 5. desorientado. 6. ilógica. 7. desorganizada. 8. desobediente. 9. imposible. 10. incapaz.

**7** 1. ¿Te preparo un <u>té</u>? 2. A <u>mí</u> no me eches azúcar, por favor. 3. <u>Él</u> estaría orgulloso de ti. 5. <u>Sé</u> que estás preocupada. 8. ¡<u>Qué</u> sorpresa! 9. A Pedro no le gusta esquiar, pero a Laura <u>sí</u>.

## UNIDAD 5
## A. ¿Por qué soy vegetariano?

**1** 1. berenjena, 2. garbanzos, 3. mejillones, 4. filete, 5. lechuga, 6. merluza, 7. salchichas, 8. lentejas, 9. coliflor, 10. ajos, 11. cebolla, 12. yogur, 13. espárragos. 14. zanahorias, 15. miel, 16. pimientos, 17. guisantes, 18. queso, 19. alcachofas.

**2** 1. para. 2. para que. 3. para. 4. para que. 5. para que. 6. para. 7. para. 8. para.

**3** (Posibles respuestas) 1. pase a recogerme. 2. los leas. 3. divertirse. 4. hacerse una revisión. 5. me escribáis. 6. no toser.

**4** 1. He ido a la farmacia para que me recomienden un medicamento. 2. Han regalado una bufanda a su sobrina para que no tenga frío. 3. He puesto el despertador para que te levantes temprano. 4. Ha dejado algo de ropa en la habitación para que os la pongáis.

## B. Las otras medicinas

**1** pies, cabeza, cara, lengua, labios, ojos, cejas, pestañas, frente, cabello, cuello, hombros, espalda, brazos, pecho, abdomen, piernas, caderas, muslos, tobillos, talón, dedos.

**3** 1. insomnio. 2. tos. 3. mareo. 4. quemaduras solares. 5. fiebre. 6. dolor de cabeza. 7. estreñimiento.

**4** 1. curar. 2. adelgazar. 3. dieta. 4. risoterapia. 5. herbolario. 6. medicamento. 7. enfermedad. 8. vegetariano.

## C. El sueño

**1** **1.** de moda. **2.** despido. **3.** echar. **4.** británicas. **5.** a oscuras. **6.** sin **7.** descanso. **8.** estrés. **9.** tranquilidad. **10.** persona. **11.** masaje. **12.** con. **13.** demuestran.

**2**

| ESCRIBIR | escribe | escriba | escribid | escriban |
|----------|---------|---------|----------|----------|
| MIRAR | mira | mire | mirad | miren |
| JUGAR | juega | juegue | jugad | jueguen |
| LEER | lee | lea | leed | lean |
| SALIR | sal | salga | salid | salgan |
| DORMIR | duerme | duerma | dormid | duerman |
| OÍR | oye | oiga | oíd | oigan |

**3** **1.** No me des más papel. **2.** No hables tan alto. **3.** No lo escribas aquí. **4.** No te sientes ahí. **5.** No le lleves el café. **6.** No le prestes el coche a Luis. **7.** No se lo digas a María. **8.** No me lo des. **9.** No te levantes temprano. **10.** No le des el diccionario a Rosa.

**4** **1.** No me dé más papel. **2.** No hable tan alto. **3.** No lo escriba aquí. **4.** No se siente ahí. **5.** No le lleve el café. **6.** No le preste el coche a Luis. **7.** No se lo diga a María. **8.** No me lo dé. **9.** No se levante temprano. **10.** No le dé el diccionario a Rosa.

**5** **1.** Escucha todos los días los mensajes del contestador. **2.** Graba el documental del domingo sobre medicinas alternativas. **3.** Revisa mi buzón de vez en cuando. **4.** Dile a Marta que voy a estar fuera y que vuelvo dentro de 15 días. **5.** Haz una reserva en el hotel Oasis a nombre de María y Klaus. **6.** Pon el anuncio de "se vende coche" en el periódico. **7.** Manda un fax a mi padre con los datos de mi alojamiento en Caracas. **8.** Ve a correos a recoger un paquete a mi nombre. **9.** Cancela la cita del jueves con el dentista.

**6** **a.** Vive. **b.** No tengas. **c.** Sé. **d.** Ríe. **e.** Respira. **f.** No te enfades. **g.** Escucha. **h.** Expresa. **i.** No pierdas. **j.** No dejes.

**7** **1.** Si tienes dolor de muelas: no comas tantos dulces. Y no tomes alimentos ni muy calientes ni muy fríos. Y, sobre todo, ve enseguida al dentista. **2.** Si estás muy estresado: no trabajes tanto. Busca algún momento para relajarte. Oye música suave. Sal y distráete. **3.** Si estás resfriado: abrígate bien. Toma alguna infusión bien caliente. Ve al médico. **4.** Si te duele la rodilla: pon la pierna en alto. No hagas movimientos bruscos con la rodilla: no subas las escaleras y deja de montar en bicicleta.

**9** gato, jarrón, gente, lentejas, gigante, guerra, jersey, guitarra, juego, girar.

## UNIDAD 6

## A. Ecológicamente correcto

**1** **1.** Me molesta muchísimo que la gente tire desperdicios en el campo. **2.** Me molesta muchísimo que la gente haga fuego en el bosque sin tomar precauciones. **3.** Me molesta muchísimo que la gente comercie con especies protegidas. **4.** Me molesta muchísimo que la gente use abrigos de piel. **5.** Me molesta muchísimo que la gente malgaste el agua. **6.** Me molesta muchísimo que la gente ensucie los ríos. **7.** Me molesta muchísimo que la gente abandone sus mascotas.

**2** **1.** a; **2.** d; **3.** b; **4.** h; **5.** f; **6.** c; **7.** e; **8.** g.

**3** **1.** ¿A ti te alegra que se casen Julia y Hugo? **2.** A vosotros os fastidia que Carlos sea feliz. **3.** A nosotros nos preocupa que tú saques malas notas. **4.** A mí no me molesta que vengáis a mi casa. **5.** A los políticos les interesa que la gente crea en ellos. **6.** A usted le encanta que sus hijos le visiten. **7.** A mi vecina le molesta que mis hijos jueguen en el patio.

**4** Contaminación acústica, **2.** / Contaminación del mar, **1.** / Especies protegidas–amenazadas, **3.**

**5** **1.** V. **2.** F. **3.** V. **4.** V. **5.** V. **6.** V. **7.** V.

**6** Que enciendan un cigarrillo sin permiso en su casa. Que le aconsejen sobre la educación de sus hijos. La impuntualidad. Que le insistan para que coma alguna cosa.

## B. Silencio, por favor

**1** **1.** ser. **2.** dejar. **3.** seguir. **4.** utilizar. **5.** encender. **6.** tires. **7.** acampar. **8.** colaboremos. **9.** avises.

**3** **1.** d, 2; **2.** f, 1; **3.** b, 3; **4.** a, 5; **5.** e, 6; **6.** c, 4.

## C. La ecologista keniana

**1** **1.** Madrugar para ir al instituto. **2.** Porque en el campo hay menos ruido que en la ciudad. **3.** Que en invierno no hay bomberos en la zona, y muy cerca hay una central nuclear. **4.** Antes trabajaba en una compañía eléctrica, y ahora es pastor. **5.** En el campo.

**2** **1.** LAGO. **2.** CONTAMINACIÓN ACÚSTICA. **3.** CORDILLERA. **4.** SELVA. **5.** MEDIO AMBIENTE. **6.** ISLA. **7.** OCÉANO. **8.** INCENDIO FORESTAL. **9.** CONTINENTE. **10.** CAPA DE OZONO. **11.** CAÑÓN. **12.** DESIERTO.

**3** **1.** más, que; **2.** menos, que; **3.** menos, que; **4.** menos que ; **5.** tanto como; **6.** menos, que; **7.** más, que.

**4** **1.** más contaminada. **2.** peores. **3.** mayor. **4.** más fuerte. **5.** más pequeño. **6.** tan ruidosa. **7.** mejor. **8.** tan ecológico. **9.** más secos.

**5** **1.** interesantísimo; **2.** grandísimo; **3.** sequísimo; **4.** ruidosísimo; **5.** vaguísimo; **6.** pequeñísimo; **7.** lentísimo; **8.** fortísimo.

**6** **1.** tan; **2.** tanto; **3.** tantas; **4.** tantas; **5.** tan; **6.** tantos; **7.** tanta; **8.** tan; **9.** tantos; **10.** tanto.

## UNIDAD 7

## A. Un buen trabajo

**1** **1.** c., **2.** b., **3.** a., **4.** e., **5.** d., **6.** i., **7.** f., **8.** g., **9.** h.

**2**

**3** **1.** barajas de cartas. **2.** clientes femeninos. **3.** por teléfono. **4.** En su consulta. **5.** Fue su abuela. **6.** del dinero que gana.

## B. Cuando pueda, cambiaré de trabajo

**1** **1.** d., **2.** b., **3.** g., **4.** j., **5.** e., **6.** a., **7.** f., **8.** h., **9.** i., **10.** c.

**2** **1.** termines. **2.** llame. **3.** acababa. **4.** fuisteis. **5.** termine. **6.** salgas. **7.** hace. **8.** estés. **9.** sepas. **10.** vayamos.

**3** **1.** Cuando nos entreguen el piso. **2.** Cuando me den las vacaciones. **3.** Cuando empiecen las rebajas. **4.** Cuando sea tu cumpleaños. **5.** Cuando tenga tiempo. **6.** Cuando vayamos a Barcelona. **7.** Cuando estéis de vacaciones. **8.** Cuando venga a verme. **9.** Cuando haga calor. **10.** Cuando me lo diga el médico. **11.** Cuando lleguen a casa.

## C. Si tuviera dinero...

**1** 1. trabajase. 2. fuésemos. 3. hubiera. 4. invitase. 5. tocase. 6. sacasen. 7. estuviese. 8. tuviésemos. 9. encontrasen. 10. vinieses.

**2** 1. pesase, comería. 2. discutiría, encontrase. 3. fuese, tendría. 4. Sería, se muriesen. 5. construyesen, habría. 6. estuviésemos, me bañaría. 7. viviésemos, tendríamos. 8. me ocupase, castigaría. 9. sería, tuviera. 10. comería, cocinase.

**3** 1. fuera. 2. pasaría. 3. fuera. 4. tendría. 5. irías. 6. tuvieras. 7. quisieras. 8. escribiría. 9. alojase. 10. tendría. 11. dieras. 12. podrías.

**5** 1. b., 2. d., 3. a., 4. c., 5. e.

**7** 1. se sentiría emocionada. 2. lo rechazaría. 3. sería una gran sorpresa. 4. lo intentaría con ayuda de sus compañeros. 5. no le importaría, le encanta viajar.

## UNIDAD 8

## A. Deportes

**1**

| K | B | I | C | I | C | L | E | T | A | M | K | A | P |
|---|---|---|---|---|---|---|---|---|---|---|---|---|---|
| A | A | B | E | S | R | K | F | F | G | A | E | L | A |
| V | P | O | G | U | A | N | T | E | S | N | A | A | T |
| G | S | R | E | S | O | U | I | E | S | D | R | I | I |
| P | C | T | O | R | U | A | T | V | B | A | L | O | N |
| A | A | L | S | P | E | L | O | T | A | A | L | T | E |
| E | S | L | T | I | T | E | A | E | Ñ | B | O | U | S |
| R | C | B | O | T | A | S | I | T | A | C | X | L | O |
| P | O | M | A | I | T | E | M | E | D | A | L | L | A |
| M | O | P | A | I | T | I | A | S | O | E | I | Y | Z |
| L | O | B | B | A | Ñ | A | D | O | R | W | V | O | P |

guantes-boxeo; casco-motociclismo; raqueta-tenis; botas-futbol; balón-futbol; esquíes-esquí; medalla-atletismo; patines-patinaje; bañador-natación; pelota-golf; bicicleta-ciclismo.

**2** 1. Es futbolista, jugador/a de fútbol. 2. Es ciclista. 3. Es jugador/a de baloncesto. 4. Es nadador/a. 5. Es patinador/a. 6. Es tenista. 7. Es atleta. 8. Es boxeador/a. 9. Es golfista, jugador/a de golf. 10. Es jugador/a de voleibol. 11. Es esquiador/a.

**3** 1. Catorce años. 2. Dormir la siesta y salir a tomar un capuchino con mis amigos. 3. Morderse las uñas. 4. Formar una familia, ganar el oro olímpico. 5. Espontáneo, extrovertido, simpático. 6. La Copa del Mundo 2001. 7. Ocho.

## B. ¿Salimos?

**1** 1. No. 2. A las seis de la tarde. 3. Porque la quitaron hace quince días. 4. En la dos. 5. Sí, *La máscara del Zorro*. 6. Mañana.

**2** A. ¿Qué quieres hacer esta tarde? A. ¿Te gustaría ir al cine? A. ¿Prefieres ir al teatro? A. ¿Dónde quedamos? A. ¿A qué hora quedamos? B. ¿Te parece bien a las ocho? A. De acuerdo, muy bien.

**4** 1. Quería saber qué hora era. / Dijo que qué hora era. 2. Quería saber por qué nos íbamos tan pronto. / Dijo que por qué nos íbamos tan pronto. 3. Quería saber dónde habíamos quedado. / Dijo que dónde habíamos quedado. 4. Quería saber cuándo tendrá el dinero. / Dijo que cuándo tendría el dinero. 5. Quería saber en qué año había nacido. / Dijo que en qué año había nacido. 6. Quería saber qué iba a hacer esa noche. / Dijo que qué iba a hacer esa noche. 7. Quería saber quién era ese hombre. / Dijo que quién era ese hombre.

**5** 1. Preguntó (que) si / Quería saber si me interesaba la pintura. 2. Preguntó (que) si / Quería saber si habíamos visto el último ballet de la Compañía Nacional de Danza. 3. Preguntó (que) si / Quería saber si ponían algo interesante en la tele. 4. Preguntó (que) si / Quería saber si iba yo a sacar las entradas para el concierto o las sacaba él. 5. Preguntó (que) si / Quería saber si había

cenado en el restaurante que me recomendó. 6. Preguntó (que) si / Quería saber si volvería tarde a casa. 7. Preguntó (que) si / Quería saber si preferiría quedar más pronto.

**6** 1. Preguntó (que) dónde pasaríamos las vacaciones. 2. Preguntó (que) si me apetecía un bocadillo de calamares. 3. Preguntó (que) si habíamos visto el partido del domingo. 4. Preguntó (que) a qué hora tenía la entrevista. 5. Preguntó (que) si hacía ejercicio a menudo. 6. Preguntó (que) si había enviado el paquete a mi suegra. 7. Preguntó (que) si ya había estado en Cuba.

**7** VANESA: Ayer vi a Vanesa. Me dijo que se alegraba mucho de verme, y que si tenía algo que hacer el domingo por la tarde, que Luis y ella iban a hacer una fiesta para celebrar que se habían cambiado de casa.

ARTURO: Ayer me encontré a Arturo. Me dijo que le sobraban dos entradas para el partido del domingo, que si nos gustaría ir.

LAURA: Ayer hablé con Laura. Me dijo que había vuelto de Lima esa misma mañana, que ya tenía ganas de ver a su familia y a sus amigos de aquí.

RAÚL: Ayer vi a Raúl. Me dijo que hoy me traería a casa los libros que le presté, que gracias y que le habían servido de mucho.

Sra. JULIA: Ayer me encontré a la Sra. Julia. Me preguntó que qué tal estabas, dijo que hacía muchísimo que no te veía, y que si seguías saliendo con Marta.

Sr. GARRIDO: Ayer vi al Sr. Garrido. Me dijo que la semana pasada había hablado contigo, y que le habías contado que yo había cambiado de trabajo porque no estaba contento con mi sueldo.

**8** 1. "El martes fui al estreno de la última película de Amenábar. ¿Tú ya la has visto?". 2. "Mi abuelo murió cuando yo era muy pequeña". 3. "Nuestros vecinos van a mudarse, ¿sabes?". 4. "No te he llamado estos días porque he estado muy ocupado". 5. "Mañana por la mañana iré a recogerte en coche". 6. "Me he apuntado a un curso de tai-chi y estoy encantado". 7. "Pues Juan saldrá a cenar con su novia el viernes". 8. "Voy a poner tu fotografía en mi habitación". 9. "Estudiaré su propuesta".

## C. Música, arte y literatura

**1** 1. Una película. 2. Una película, una obra de teatro, un musical, una ópera, un concierto. 3. Una película, una obra de teatro, un musical, una ópera. 4. Cuadros, esculturas, fotografías. 5. Una exposición, un museo.

**2** 1. aplaudir. 2. entradas. 3. cola. 4. colarse. 5. inaugurar. 6. taquilla.

**3** 1. La ha premiado el Ministerio de Cultura. El premio consiste en 30.000 euros. 2. De una estrella. Tiene la ventaja de que le permite separar su vida profesional de la personal. 3. A los dieciocho. 4. Es autodidacta. 5. Las pinta a mano.

## UNIDAD 9

## A. Sucesos

**1** 1. ha sido inaugurado. 2. fue detenido. 3. serán publicados. 4. han sido construidos. 5. fue visitada. 6. ha sido condenado. 7. ha sido elegido.

**2** 1. Mañana será inaugurado el museo de la ciudad. 2. Hoy ha sido capturado el gorila que se escapó del zoo. 3. Esta casa fue construida en 1860. 4. Últimamente muchos trabajadores de esta empresa han sido despedidos. 5. En el futuro, el tráfico aéreo será controlado por ordenadores. 6. Ayer fueron subastadas las gafas de John Lennon. 7. Todavía no han sido encontradas las obras de arte roba-